정한론

아베, 일본 우경화의 뿌리

차례
Contents

들어가며

일본의 역사 왜곡과 정한론 부활

2015년은 해방 70주년이자 한일 국교 정상화 50주년을 맞는 해다. 한일 양국은 이제 획기적인 변화를 이루고 미래를 향해 도약해야 한다. 그러나 오늘날 한일 양국의 모습은 1998년 당시 김대중 대통령과 오부치 게이조(小渕恵三) 수상이 합의한 '21세기를 향한 한일 파트너십 선언'이라는 말이 어색할 정도로 경색되었다. 2012년 12월에 제2차 내각을 출범한 아베 신조(安倍晋三) 정권의 극우 행보 탓이다. 아베는 '아베노믹스'로 인한 경제 호전에 호감을 느낀 일본 국민의 지지 속에 1965년 한일 국교 정상화 이후 역대 일본 수상 중 가장 강력한 우경화 노선으로 치닫고 있다.

일본의 우경화는 이미 아베 정권 등장 이전인 1990년 후반부터 시작되었다. 일본은 1980년대 말 버블 붕괴로 저성장 시대를 맞이했으며, 1990년대 이후 바닥에 가까운 저성장을 지속하면서 '잃어버린 20년'이라는 경제 침체의 늪에서 헤어나지 못했다. 게다가 2010년에는 1968년 이래 43년간 유지해온 제2위 경제 대국의 자리까지 중국에 넘겨주었다. 이런 현실은 일본 국민에게 큰 허탈감과 상실감을 안겨주었다. 이는 '강한 일본, 대국으로 재도약하자'고 외치는 우익 세력이 활동 영역을 넓히는 계기가 되었다. 또한 더욱 우익적이고 왜곡된 '새 역사 교과서를 만드는 모임'을 발족하면서 본격적으로 행동했다.

이러한 배경 속에서 그동안 사회적인 편견과 수치심 때문에 숨죽이고 있던 종군위안부 할머니들이 나서기 시작했다. 1991년, 고(故) 김학순 할머니(1997년 사망)의 증언을 시작으로 종군위안부 할머니들이 비참한 역사를 폭로하자 사실 인정과 사과 문제를 놓고 한일 간에는 큰 갈등이 벌어졌다.

결국 1993년에 고노 요헤이(河野洋平) 관방장관은 일본군이 종군위안부를 강제로 동원했으며, 위안소 설치·관리·이송에 군이 직·간접적으로 간여했다는 사실을 인정했다. 또한 "강제적인 위안소 생활로 많은 여성의 명예와 존엄에 깊은 상처를 입혔다. 그 고통으로 몸과 마음에 씻을 수 없는 상처를 입은 모든 분께 반성과 사과의 마음을 전하며 같은 잘못을 결코 반복하지 않겠다"는 정식 사과 성명('고노 담화')을 발표했다.

2년 후인 1995년 8월 15일에는 전후 50년을 기념해 야당 출신인 무라야마 도미이치(村山富市) 수상이 국회에서 과거 일본의 식민지 지배와 침략 전쟁에 대해 대아시아 사과 발언('무라야마 담화')을 했다. 그 결과 일본은 학교에서 위안부 문제를 교육하겠다고 약속하고, 1997년부터 모든 중학교 역사 교과서에 이 문제를 기술했다.

이에 우익 세력이 크게 반발해 만든 단체가 바로 '새 역사 교과서를 만드는 모임'이다. '새 역사 교과서를 만드는 모임'은 도쿄 대학 독문학과 교수 후지오카 노부카쓰(藤岡信勝), 전기통신대학 교육학과 교수 니시오 간지(西尾幹二), 만화가 고바야시 요시노리(小林義則) 등이 중심이 되어 이른바 자유주의 사관에 입각한 민족주의를 주장하며 1997년 1월에 결성한 우익 단체다.

이 단체는 2001년 일본 역사 교과서 왜곡 파동의 중심 역할을 한 단체로, 1997년 결성되기 이전부터 이미 독자적인 관점에서 자유롭게 일본의 역사를 기술하자고 주장해왔다.

이들은 기존의 중학교 교과서가 일본의 치부를 드러내고 있어 건전한 민족주의와 애국심을 조성하려면 '밝은 역사'를 가르쳐야 한다는 명분을 내세웠다. 이 명분으로 자기 역사를 스스로 학대한다는 '자학사관(自虐史觀)'을 제거한 새로운 교과서를 집필했다. 이것이 바로 후소샤(扶桑社)의 '새 역사 교과서'다. 이 교과서는 일본 민족의 우월성을 강조하고, 팽창 정책과 침략 정책을 긍정적으로 서술하는 등 철저히 우익적인 관점에서 역사를 왜곡했다. 구체적으로 다음과 같은 내용을 기술하고 있다.

- 경술국치의 합법성과 식민지 근대화론 주장
- 제2차 세계대전을 '아시아 해방을 위한 대동아 전쟁'이라고 긍정적으로 평가
- 종군위안부 기술은 완전 삭제
- 독도는 일본의 고유 영토며, 한국이 불법 점거했다고 주장

'새 역사 교과서를 만드는 모임'에는 집권 자민당의 기반인 일본회의(日本會議) 회원과 우익 국회의원·교수·교사를 중심으로 결성한 자유주의 사관 연구회, 유력 기업 간부, 보수 언론인 산케이 신문사 등 정계·학계·재계·언론계의 광

범위한 동조 지원 세력이 망라되어 있다. 아베도 총리 취임 전부터 이 모임의 핵심 임원으로 선도 역할을 해왔다. 이 단체는 일본의 팽창주의와 신제국주의 이론에 근거를 제공하기도 했다.

'새 역사 교과서'의 등장에 때맞추어 1997년 당시 마치무라 노부타카(町村信孝) 문부상은 기존 역사 교과서 관련 출판사 사장들을 모아놓고 "위안부와 관련해 균형 있는 역사를 기술하라"며 압력을 가했다. 이후 기존 역사 교과서에서 대부분 위안부에 대한 내용이 사라졌다.

그렇다면 같은 전범 국가인 독일은 어떨까? 독일은 나치를 불법으로 간주하고, 전범자를 끝까지 추적해 기소하는 등 전범을 시효 없는 영구 범죄로 규정했다. 그리고 진심 어린 반성과 사죄, 배상으로 지금은 이스라엘과 우방 관계를 돈독히 하고 있다.

1970년 동방 외교를 펼쳤던 빌리 브란트(Willy Brandt) 당시 서독 수상은 나치의 유대인 학살 현장인 폴란드 아우슈비츠 수용소의 희생자 위령비 앞에서 무릎을 꿇고 사죄했다. 이어서 프랑스·폴란드 등과 역사 교과서를 공동으로 집필하고, 자신들이 저지른 범죄를 사실 그대로 교육했다. 이러한 노력으로 독일은 주변국과 신뢰 관계를 회복해 지금은 EU의 정치·경제적 리더 역할까지 맡고 있다.

이에 반해 일본은 역사를 반성하고 사죄하기는커녕 여전히 침략 전쟁을 미화한 역사 교과서로 교육하고 있다. 아베는 집권 후 일본군이 식민지 여성을 성 노예로 강제 동원한 명백한 사실마저 부인했다. 그리고 8·15 패전 기념사에서 역대 일본 수상이 했던 전쟁 반성 언급을 피했다.

이같이 과거를 반성하고 사죄하지 않는 모습에서 한국·중국 등 이웃 국가와 역사·영토 문제의 갈등을 일으키고 있다. 이는 독일과 대조적이다. 그러면서 일본이 지금까지 UN을 위해 기울인 노력은 어느 나라에도 뒤지지 않는다면서 UN 상임이사국 자리를 바라고 있다. 주변국의 마음조차 얻지 못하는 일본이 국제사회의 리더가 되겠다는 것은 말도 안 되는 이야기다.

한국과 일본은 숙명적인 운명 공동체다. 긴 세월 동안 끊임없이 역사·문화적인 관계를 유지해왔고, 오늘날에도 정치·경제적으로도 떼어놓을 수 없는 밀접한 관계에 있다. 그러나 국가 간, 국민 간의 소통은 원활하지 않다. 일본이 역사 왜곡을 지속하며 침략의 역사를 진심으로 반성하지 않고 있기 때문이다.

일본을 진정 반성의 길로 유도하려면 과거 한일 관계를 파탄시킨 침략 사상의 원형, '정한론(征韓論)'의 실체를 알고 뿌리 뽑아야 한다. 더구나 오늘날 정한론이 무서운 생명력으로 부활하고 있기에 규명과 시정이 시급하다.

　이 책에서는 정한론의 뿌리와 변천 과정, 그리고 실체에 대해 접근하고자 한다. 또한 오늘날 아베의 우경화도 규명함으로써 밝은 한일 관계를 실현하기 위한 디딤돌로 삼고자 한다.

고대 정한론의 원형과 계승

정한론의 원형, 진구 황후의 삼한 정벌설

일본 근대화의 기점인 메이지(明治) 시대 초기에 분출된 정한론. 정한론은 선린우호 관계가 지속되던 에도(江戶) 시대와는 다른 불행한 근대 한일 관계의 서곡이며, 오늘날 일본인의 속마음에 자리 잡은 왜곡된 한국 인식의 연원이다.

그러나 근대 일본 침략 사상의 기점이 된 정한론은 메이지 시대 초기에 갑자기 나타난 것이 아니다. 정한론의 원형은 고대로 거슬러 올라간다. 고대 일본의 건국사를 다룬 『일본서기(日本書紀)』는 일본의 기원과 형성 과정을 기록했지만,

한반도와 관련된 내용이 상당히 많다. 이것은 고대 일본이 한반도와 밀접한 관계가 있기 때문이다. 그러나 내용은 신화적이며 기록할 당시 집필자의 조작과 후세 사람들의 개작 등으로 역사적인 사실로는 보기 어려운 왜곡된 내용이 많다. 특히 고대 천황제 국가에서 천황의 정당성과 권위를 높이기 위한 목적으로 편찬되었기 때문에 한반도 관련 내용은 사실성과 시기 부분에서 많이 왜곡되었다고 볼 수 있다.

『일본서기』에 기술된 내용 중 일본인의 의식 속에 계승되어 한국과 긴장 관계나 무력충돌이 일어날 때마다 상기되는 설화가 바로 '진구(神功) 황후의 삼한 정벌'이다. 『일본서기』「진구기(神功期)」에 등장하는 '삼한 정벌'의 내용은 다음과 같다.

처음 신(神)은 구마소(熊襲) 정벌보다도 금은국(金銀國)인 신라를 쳐야 한다고 진구에게 신탁을 내렸지만 천황은 이를 의심해서 따르지 않았다. 그 뒤 다시 신탁을 황후에게 내려서 "태중에 있는 아들이 그 나라(신라)를 얻을 것이다"라고 했다. 그런데 갑자기 천황이 죽게 되자 황후는 천황을 도요우라(豊浦) 궁(宮)에 안치한 후 신탁을 받들어서 남장을 하고 한반도에 출병했다. 이 군대를 보자 신라왕이 말하기를 "나는 동방에 신국(神國)이 있는데 이름을 일본이라고 하며,

또 거룩한 임금이 있어 천황이라고 한다고 들었다. 그 나라의 신병(神兵)이 틀림없으니 어찌 군사를 내어 대항할 수 있겠는가"라고 먼저 항복했다. 황후는 짚고 있던 창을 신라왕문(新羅王門)에 세우고 후세의 표시로 삼았다. 그 소식을 들은 백제·고구려도 스스로 항복해 삼한은 이후 일본에 조공하기로 맹세했다.[1]

정한론의 원형인 삼한
정벌설에 등장하는 진구 황후.

신탁을 받은 진구 황후가 신의 보호 아래 신라를 무력으로 침략하고, 백제와 고구려까지 정복했다는 침략의 정당성을 강조하고 있다. 이어서 삼국이 일본에 조공을 하고 종속 관계가 되었다고 설명했다. 이 내용이 허구의 신화나 설화에 그친다는 사실은 이미 일본 학자들도 지적하고 있다. 즉 사료 비판을 통해 진구 설화가 고증할 수 없는 초사실적인 내용이라고 주장했다.[2]

이와 같이 역사적인 사실이 아닌 허구의 설화가 여몽 연합군의 일본 침공, 기해동정(己亥東征)이라 불리는 쓰시마 정벌, 임진왜란, 메이지 초기 정한론 등 조선과 무력 충돌이나 긴장 상태가 발생할 때마다 새로 포장되고 재생되었다. 설화 내용은 일본을 천황 중심의 신국으로 보는 의식, 조선에 대한 멸시와 깊은 관련이 있다. 따라서 조선에 대해 왜곡된 시각과 침략성을 가진 학자나 집권자들에 의해 끊임없이 인용되고 활용되었다.

몽골의 일본 침공 이후에 등장한 삼한 정벌설

진구 황후의 삼한 정벌 설화는 이후 중세에 접어들어 일본과 대규모 무력 충돌이 발생한 여몽 연합군의 일본 침공 직후에 다시 등장한다. 교토(京都)에 있는 신사인 이와시미즈하치만(石清水八幡) 사(社)의 신관(神官)이 여몽 연합군을 격퇴한 신의 은덕을 강조하며 막부의 은상을 얻을 목적으로 작성한 것이다. 이것이 『하치만구도쿤(八幡愚童訓)』이다.

설화의 후반은 여몽 연합군과 전투하는 장면이 자세히 묘사되었으며, 전반은 이국(異國) 침공의 전사(前史)로 진구 황후의 삼한 정벌 설화가 기록되었다. 내용은 다음과 같다.

주아이(仲哀) 천황의 시대, 이국에서 귀신과 같은 모습으로 몸은 적색이고 머리는 8개인 '진린(塵輪)'이라는 자가 검은 구름을 타고 허공을 날아 일본에 내침해서 인민을 살해했다. 주아이 천황은 진구 황후의 5만 군병으로 나가토 도요우라(長門豊浦)에 이르러 진린과 맞서 사살하는 데 성공했다. 그러나 자신도 화살에 맞아 진구 황후에게 이국 토벌을 유언하고 죽었다.

아마테라스 오미카미(天照大神)가 진구 황후에게 빙의해서 삼한 대군세의 내침이 가까워짐을 고했다. 48척의 선박을 만들고 수부역(水夫役: 조타수)인 스미요시묘진(住吉明神)의 조언으로 해저에 사는 아즈미노이소라(安曇磯良)를 소환했다. 그리고 조류의 간만을 자유로이 조종하는 한주(早珠)와 만주(滿珠)라는 두 개의 구슬을 샤가라(婆竭羅) 용왕에게 받았다.

출산이 임박한 진구 황후는 고우라묘진(高良明神)의 손이 되는 방패를 소지한 후 대마에서 돌을 허리에 차고 바다를 건넜다. 이적(異賊)은 10만 8,000척에 46만 9,000명의 군세인 데 비해 일본은 1,000분의 1에도 미치지 않았다. 황후는 고우라묘진을 사자(使者)로 삼아 개전을 고했다. 이를 접한 고려 국왕을 비롯한 대신과 백성은 여자의 몸으로 적국을 공격해왔다며 조롱했다. 이에 한주를 바다에 던지니 바다는 육지로 변하고 이국의 군대는 배에서 내려 일본선을 공

진구 황후 삼한 정벌설 상상도.

격해 왔다. 기회를 놓치지 않고 황후는 만주를 던져 "삼한
의 적은 망하라"고 했다. 이국의 왕과 신하는 "앞으로 일본
의 개가 되겠다" 하고 일본과 수호해서 매년 연공을 바치기
로 약속했다. 그러자 황후는 큰 바위 위에 화살로 "신라국
의 대왕은 일본의 개다"라고 쓰고는 귀국했다. 신라에서는
후대의 수치라 해서 바위의 명문을 없애려고 했지만, 점차
선명해져서 지워지지 않았다.[3]

『일본서기』와 비교해보면 달라진 부분이 있다. 우선 한반
도의 호칭이 삼한, 신라에서 '고려'로 바뀌었다. 또 주아이
천황은 구마소가 아닌 바다를 건너온 진린의 군대에 의해
죽고, 진구 황후의 출병은 복수를 위한 것으로 기록되어 있
다. 즉 이전과는 달리 이국에서 먼저 공격하는 내용으로 변

했는데 이것은 몽골이 일본을 침공한 시대 상황이 반영됐다고 볼 수 있다.[4]

그리고 신라왕이 항복하자 창을 왕문(王門)에 세웠다는 내용이 『하치만구도쿤』에서는 "신라왕은 일본의 개다"라고 돌에 새긴 이야기로 변질되었다. 이웃 나라 왕을 축생시(畜生視)하는 멸시관이 나타난 것이다. 이것은 국가의 위기를 초래한 몽골에 대한 공포감, 실제 무력 충돌에서 패배한 열등감의 반작용으로 진구 황후를 상기시키는 내용으로 쓰인 것으로 볼 수 있다. 즉 여몽 연합군의 일본 침공이라는 공포에 찬 비상 상황에서 삼한 정벌설이 괴물처럼 재생한 것이다.

고려 말부터 조선 초까지 일본에서는 서일본 다이묘(大名: 지방 영주)들이 조선과 통교(通交)할 때 종속적인 의례를 취하는 등 지역과 사회 계층에 따라서는 조선을 매우 존경했다. 특히 서일본의 유력 다이묘이자 백제계 후손으로도 알려진 오우치 요시히로(大內義弘)는 고려 사신 한국주(韓國柱)를 맞아 정중히 호송했다.

정몽주(鄭夢周)가 왜구 금압 요청 문제로 일본에 사신으로 파견됐을 때, 당시 아시카가(足利) 막부 실세인 규슈탄다이(九州探題)이자 가인(歌人)으로도 알려진 이마카와 료순(今川了俊)은 그를 맞아 시수창(詩酬唱)을 하며 극진히 대접하기도 했다. 정몽주의 높은 문학 수준에 경외를 표한 것이었다.

이후 몽골군이 이른바 가미카제(神風: 실제는 태풍) 때문에 물러갔다는 인식과 진구 황후가 거느렸던 신병이 위협해 삼한을 굴복시켰다는 과거 인식이 연결되었다. 그러면서 일본을 신의 후손인 천황이 직접 다스리는 나라로 신국시(神國視)했으며, 대외 침략을 정당화하는 사상은 더욱 강해졌다. 이렇듯 삼한 정벌설은 역사의 구체적인 국면이나 조건에 따라서 포장된 채 이어졌다.

임진왜란 당시에 등장한 삼한 정벌설

삼한 정벌설은 조선을 침범한 도요토미 히데요시(豊臣秀吉)의 전기 『태합군기물어(太閤軍紀物語)』에서 다시 등장한다.

대저 진구 황후 그 신은 이국 퇴치 때에 나가토(長門) 지방 후나 산에서 목재를 벌채해 대선 48척을 만들었다. 이때 황후는 임신 징후가 있었지만 복대를 두르고 갑옷을 입었다. 시기는 후한(後漢) 헌제 건안(建安) 5년에 해당한다.

10월 16일 신유일(辛酉日)에 황후는 겨우 48척의 병선을 이끌고 고려국에 건너갔다. 이국의 대장군은 수만 척의 병선으로 불꽃을 쏘았고, 황후가 감색 구슬을 던져 간조가 되니 이적은 배에서 내려 대항했다. 다시 만주를 던지니 해상은 원래대로 만조로 변해 칼을 들고 공격해 이적은 모두 타살되었다. 이로써 그 나라는 항복하고 금은보화를 실은 80척의 선박으로 매년 일본에 바치기로 맹세했다. 고려 왕도의 뜰에서 "고려왕은 일본의 개다"라고 했다. 황후가 활을 당기려고 하자 신라·백제·고려(고구려)는 석 달 안에 항복을 정하고 12월 5일 황후는 귀국길에 올랐다. 12월 5일 지쿠젠(筑前)국에서 황자를 탄생하니 그가 바로 하치만(八幡) 대보살(大菩薩)이다.[5]

이 전설은 일본 규슈 지쿠젠 지방 시가(志賀) 섬의 기치조(吉祥) 사(寺)에서 전해지는 「진구 황후 이국퇴치연기(異國退治緣起)」에 기록된 내용이다. 이것을 도요토미 히데요시가 자신의 전기에 다시 수록한 것이다. 이 기록은 『하치만구도쿤』에 나오는 구슬의 위력과 해수 간만의 변화를 그대로 답습했다. 그러면서 한편으로는 신라 정벌을 고려 정벌로, 신라왕를 고려왕으로 대치하는 변용을 보인다. 이것은 중세 여몽연합군의 일본 침공이 생생한 기억으로 전승되었음을 말해준다.

임진왜란 때 도요토미 히데요시의 뇌리에는 천황 중심의 신국 인식과 침략 인식이 있었고, 전쟁에 동참한 무사나 승려도 그와 인식을 같이했다. 1592년 3월 말, 도요토미 히데요시는 교토에서 출발해 공격 기지인 규슈 나고야(名護屋)를 향했다. 같은 해 4월에는 나가토 국부(國府)에 도착해 주아이 천황과 진구 황후의 사사(社詞)에 참배했다. 이때

도요토미 히데요시의 초상화.

'조선은 일본의 정복 대상'이라는 삼한 정벌설이 상기되었으며, 이것은 대륙 침략의 정당성을 뒷받침했다. 또 이러한 인식은 조선에 건너간 일본군 전반에 침투했다.

규슈 사쓰마(薩摩)의 유력 장수인 시마즈 요시히사(島津義久)의 군기(軍紀)인 『정한록(征韓錄)』에는 일본 장수들이 나고야 성에 입성할 때 "진구 황후 삼한을 퇴치하시니"라고 외치면서 진군했다고 기록되어 있다. 삼한 정벌설을 떠올리며 조선을 복속 대상으로 인식했음을 알 수 있다.

또 다른 장수인 나베시마 나오시게(鍋島直茂)의 군기인 『고려일기(高麗日記)』에는 "1592년 5월 28일, 임진강에서 소선 30여 척으로 수백 척에 달하는 조선군을 이겼다"고 기록되어 있다. 그리고 "진구 황후는 신라를 퇴치하기 위해 모든 신을 이키(壹岐) 섬으로 불러들여 일본의 신력(神力)이 위

세를 떨치며 신라를 복속시켰다"고 삼한 정벌설을 떠올리며 감회에 빠졌다.

이런 내용은 장수 마쓰라 시게노부(松浦鎮信)의 가신이 쓴 각서(覺書)인 『요시노 일기(吉野日記)』에서도 볼 수 있다. 그는 "일본은 신국이기 때문에 진구 황후는 여제의 몸으로 삼한을 복속시켰다. 이후 고려·요동에서부터 매년 일본에 관물을 바쳤다는데, 이것은 상대(上代)부터 선례가 되었다"고 삼한 정벌설을 그대로 기록했다.

임진왜란에서 도요토미 히데요시의 오른팔이자 일본군 제2진의 총대장 가토 기요마사(加藤清正)의 군기 『기요마사 고려진각서(清正高麗陣覺書)』에도 "예로부터 진구 황후, 오진 (應神) 천황 이래 삼한에서 일본에 공조를 바쳤는데 지금은 이를 취하지 못했다. 그래서 하치만 대보살의 신력으로 고려에 사람을 보냈는데, 기요마사가 선수를 쳐서 고려 국왕을 잡아 일본에 조공을 시키고자 한다"고 기록되어 있다(당시 일본인은 우리나라의 국명에 상관없이 '고려'로 호칭할 때가 많았다).

장수 조소카베 모토치카(長曾我部元親)의 군기인 『조소카베모토치카기(長曾我部元親記)』의 「고려진지사(高麗陣之事)」에서도 "진구 황후 이래 이국 퇴치를 위한 시도는 희대(稀代)의 어사(御事)다"라고 상기했다.

이와 같이 임진왜란 때 조선을 침범한 일본 장수와 무사들의 인식에 삼한 정벌설이 침투된 사례는 무수히 많다. 전반적인 내용은 도요토미 히데요시의 조선 침략이 진구 황후 출병의 재현이라는 것이었다. 그리고 진구 황후가 여자이며 임신 중이었음에도 큰 위업을 이루어냈는데, 하물며 남자인 자신들이 진구 황후에 뒤지지 않는 무훈을 세워야 한다며 사기를 높였다. 임진왜란 때 도요토미 히데요시가 내세운 삼한 정벌설은 이국 정벌의 침략 의식을 떠올리면서 도요토미 히데요시를 비롯한 일본 무사단의 조선 침범 행위를 정당화하는 이데올로기가 되었다.

이와 같이 일본에 침략적인 집권자가 등장했을 때, 삼한 정벌설은 역사적인 사실로 둔갑되어 침략 행위에 힘을 실어주는 역할을 했다.

에도 시대 삼한 정벌설의 재생

에도 시대의 조선 존중론

임진왜란 후 등장한 에도 막부는 조선과 국교 정상화를 이루어 선린우호의 길을 열었다. 이는 에도 막부를 세운 도쿠가와 이에야스(德川家康)가 조선을 침략 대상이 아닌 문화·학문의 선진국으로 인식하고 다시 교류를 원했던 데서 기인한다. 또한 막부는 유학(儒學)을 관학(官學)으로 삼았기 때문에 유학자들을 중심으로 에도 유학의 종주국인 조선을 존경했다. 따라서 삼한 정벌설에 근거한 침략적인 시각은 잠시 수그러들었다.

도쿠가와 이에야스의 초상화.

　에도 유학을 확립한 후지와라 세이카(藤原惺窩)는 임진왜
란 때 일본에 포로로 연행된 사대부 강항(姜沆)을 통해서 그
의 학문을 이루었다. 그의 맥을 이은 제자 하야시 라잔(林羅
山)은 막부의 중앙 교육 기관인 쇼헤이자카(昌平坂) 학문소의
책임자인 가쿠몬노가시라(學問頭)를 맡았고, 이 직책이 집안
에 세습되어 에도 시대 말까지 이어졌다. 또 하야시 라잔의
제자인 야마자키 안사이(山崎闇齊)[6]도 퇴계(退溪) 이황(李滉)
의 저서인『사성록(自省錄)』의 영향을 받아 그의 유학 사상을

형성했다. 이와 같이 후지와라 세이카·하야시 라잔·야마자키 안사이 등 후대에 이름을 날린 에도의 대표 유학자들은 조선 유학, 그중에서도 이퇴계의 학문을 존경했다. 특히 후지와라 세이카는 조선 사대부 평상복인 '심의도복(深衣道服)'을 착용할 정도로 조선에 심복(心服)했다.

에도 시대 전반에 걸쳐 조선 통신사(400~500명 규모)로 불린 문화 사절단이 조선에서 일본으로 열두 차례나 파견되었다. 이때 이퇴계 등 조선의 여러 학자에 대한 존경심은 통신사를 맞이하는 일본 유학자의 태도에서 확인할 수 있다. 통신사 일행에는 항상 일본의 학문적인 욕구를 충족시키기 위해 당대의 우수한 학자가 동행했다. 또한 각 번(藩)은 통신사가 올 때마다 지역 유학자를 통신사 곁에 파견해 학식을 배우도록 했다. 이들은 조선 학자와 시수창을 하거나 이들의 서체를 받는 것을 더할 나위 없는 명예로 생각했다. 이를 반영하듯 통신사 일행이 에도 성에 입성하는 날은 에도 시민이 길가에 나와 통행로 주변에 미리 자리를 잡고 이들을 열렬히 환영했다. 이날은 마치 에도의 축제일과 같았다.

조선 학자에 대한 일본 유학자들의 태도는 존경을 넘어 숭배에 가까울 정도였다.[7] 그리고 통신사가 일본을 다녀간 후 한동안은 통신사 행렬 모습이 부적 주머니 등에 그려졌고, 유학·의학·음악·미술 등 각 분야에서 유행처럼 번졌다.

조선 통신사의 에도성 입성도.

조선의 학문과 문화에 대한 존경심은 당시 중앙 막부의 유학 교육 기관인 쇼헤이자카 학문소와 지방의 번교(藩校)를 중심으로 형성되었고, 에도 시대 말까지 일본 전역에 확산되었다. 존경심에 찬 조선관은 이후 삼한 정벌설이 부활하는 가운데서도 에도 시대 말까지는 무사와 서민 사이에 넓게 정착되었다고 볼 수 있다.

비주류 지식인의 삼한 정벌설 주창

한편 에도 초기 유학자를 중심으로 형성된 조선 존중론과는 달리 17세기 후반부터 다시 삼한 정벌설에 입각한 조선 멸시론이 일부 학자 사이에서 대두했다.

당시 조선에서 전파된 정통 유학을 반대한 야마가 소코(山鹿素行)는 조선·중국·일본 삼국을 대등하게 보지 않았다. 그는 조선에 대해서는 "무릇 무용(武勇)으로 삼한을 평정하고 일본에 공물을 바치게 했으며, 또 고려를 치고 그 왕성을 함락시켜서 일본부(日本府)를 설치했다. 이와 같이 무위를 사해(四海)에 빛낸 것은 상대에서 근대까지 이어온 일이다"[8]라고 했다. 삼한 정벌설을 인용해 일본의 조선 침략을 고대부터 있었던 역사적 사실로 믿고는 조선이 원래 일본의 속국이었다고 멸시한 것이다. 따라서 일본의 속국인 조선에서 보낸 통신사가 일본에 왕래하면 서로 좋은 관계가 될 수 없다며 교린 관계를 부정했다.

야마가 소코가 활약한 17세기 후반기의 일본은 에도 막부 권력의 확립기인 동시에 화폐 경제가 발전했다. 당시 상인의 경제력이 상승한 데 비해 지배층인 무사의 빈곤이 심화되어 봉건제 내부의 모순이 서서히 표면화된 시기이기도 했다. 이때 주류 정통 유학과 대립 관계였던 고학파(古學派)인 그에게 삼한 정벌설은 큰 영향을 주었다.

이후 에도 막부 체제의 모순은 더욱 심해졌고, 개혁자로 등장한 아라이 하쿠세키(新井白石)는 "옛 삼한은 일본의 속국으로, 그 나라 국왕들이 모두 일본에 복속했다"[9]고 삼한 정벌설을 또다시 그대로 인용했다. 그는 일본 천황과 청국황제를 대등한 위치에 두었다. 그리고 천황 아래인 도쿠가와 장군을 일본 국왕으로 두어 조선 국왕과 대등하게 보았다. 조선을 일본보다 아래에 두고자 한 것이다.

특히 그는 "조선은 천성이 교활하고 거짓말쟁이며 이익을 위해 신의도 저버리는 나라기 때문에 교린을 오래 할 수 없다"며 노골적으로 왜곡된 멸시관을 보였다. 당시 막부는 조선 통신사 접대비용으로 국가의 1년치 예산인 은 100만 냥을 사용했다. 이에 부담이 큰 만큼 통신사의 접대비를 줄이자고 주장했다.[10]

이후 오사카(大阪) 상인 자제들의 사숙(私塾)이던 가이토쿠도(懷德堂) 당주인 유학자 나카이 지쿠잔(中井竹山)도 조선 멸시론을 주장했다. 그의 학문적 특징은 에도 정통 유학과는 다르게 현실을 중시한 공리주의적인 실학론이었다. 1789년, 그는 막부의 집권자였던 마쓰다이라 사다노부(松平定信)에게 정치·경제·사회 전반에 관한 개혁안인 『초모위언(草茅危言)』을 서술해 올렸다. 그는 제4권의 '조선의 일(朝鮮之事)'이라는 항목에서 다음과 같이 주장했다.

진구의 원정 이래 조선이 복종하고 조공을 바쳐서 우리의 속국이었다는 사실은 역대 오랫동안 끊기지 않았는데, 지금의 형세는 이와 다르다. 그 까닭은 도쿠가와 정권 초기에 도요토미 히데요시의 무력행사로 더럽힌 형국(조선 침략 실패)을 간신히 마무리 짓고 임시방편으로 교린을 맺었기 때문이다. 그들도 이전과 같이 교토에는 조공하지 않고 에도하고만 우호를 통하니 속국이라 하기도 어렵고, 초빙한 사신을 손님 접대의 예로 대우하지 않을 수도 없다. 시세(時勢)라고는 하지만 천 년 동안 속국이었던 작은 오랑캐를 대등한 교린 상대국으로 보아 예를 취하는 것은 원래 바라지 않는 일이다.[11]

그는 "원래 조선은 일본의 속국인데 임진왜란 후의 국교 정상화 과정에서 도쿠가와 정권이 너무 비굴하게 조선과 선린우호 관계를 맺어 화근이 되었다"고 하며 교린 관계 자체를 비판했다. 특히 천황 존중론을 내세워 통신사들이 천황이 거처하는 교토에는 들르지도 않고 장군이 거처하는 에도에만 왕래한다고도 비판했다.

조선 속국론은 이후 하야시 시헤이(林子平)의 해방론(海防論)으로 발전했다. 즉 "일본은 조선·유구(琉球: 오늘날의 오키나와)·에조(蝦夷: 오늘날의 홋카이도)의 세 나라와 국경이 접해 있다. 만일 이들 나라가 갑자기 변을 일으키고 잘 훈련된 병마로 쳐들어온다면 일본은 파죽지세로 무너진다. 여하튼 천하의 병마를 조련해야 하지만 힘이 미치지 못하면 주군만이라도 인마(人馬)를 조련해야 한다"[12]고 했다. 그러면서 조선을 비롯한 세 나라가 공격하는 것을 가정해 국방 대책과 군사 훈련이 필요하다고 주장했다. 그리고 "진무제(神武帝: 가공의 인물인 초대 천황)가 처음으로 통일 과업을 이룬 후 진구 황후가 삼한을 신복하고 다이코(太閤: 도요토미 히데요시)가 조선을 토벌해 지금까지 일본에 복속시킨 일은 모두 무덕(武德)의 빛남이다"[13]라고 삼한 정벌설을 역사적인 사실로 둔갑시켰다. 그는 도요토미 히데요시의 조선 침략을 높이 평가하고 예부터 조선이 일본에 복종했다는 사실을 강조했다. 즉 적극적인 해방(海防)을 위해서 조선을 먼저 침공할 수도 있음을 시사했다.

이와 같이 에도 초기 유학자들에 의해 형성된 조선 존중론과 대치하는 조선 멸시론과 속국론의 흐름이 하야시 시혜이에 이르러 침략론으로 발전했다. 이것이 막부 말 요시다 쇼인(吉田松陰)에 의해 좀더 체계화된 정한론으로 결실을 맺은 것이다.

요시다 쇼인의 정한론

요시다 쇼인은 1853년 미국 함대를 끌고온 페리(Matthew Calbraith Perry) 제독의 개항 요구에 자극받아 천황을 받들고

일본 우익의 정신적인 지도자 요시다 쇼인.

외국 세력을 물리치자는 '존황양이론(尊皇攘夷論)'을 전개했다. 그리고 서양 열강의 압박에서 벗어나고자 종속 대상으로 조선과 아시아를 겨냥한 침략 사상을 체계화시켰다. 그러나 그는 서양 열강 대처에 무능한 도쿠가와 막부를 부정하는 도막(倒幕) 운동을 벌이다 구속되어 30세의 젊은 나이에 사형당했다.

그는 "황조(皇朝)에서 진구 황후가 삼한을 정복하고, 호조 도키무네(北条時宗)가 몽골을 섬멸하며, 도요토미 히데요시가 조선을 정벌한 것은 모두 호걸(豪傑)이 한 일이라 할 수 있다"[14]고 했다. 삼한 정벌설을 조선 침략의 원조로서 사실로 인식한 것이다. 그리고 그 위에 몽골의 일본 침공 좌절과 도요토미 히데요시의 조선 침략을 연장선으로 보고 영웅시하는 침략론을 펼쳤다.

그는 "조선과 만주는 서로 붙어서 일본의 서북쪽에 있고 모두 바다를 사이에 둔 가까운 나라다. 또한 조선은 과거 일본에 신하로 복속했는데 최근 점점 거만해졌다. 우선 조선의 풍속과 종교 등을 자세히 파악해 그 나라를 다시 수복해야 한다"[15]고 주장했다. 즉 요시다 쇼인이 구상한 조선 침략의 중심에서 삼한 정벌설이 부활한 것이다. 또한 "조선을 독촉해 인질과 조공을 바치게 하고, 북쪽으로는 만주를 취하며, 남쪽으로는 대만·필리핀 섬 등을 우리 손에 넣어 점차 진취

적인 기상을 나타내야 한다"[16]고 말했다. 이는 제2차 세계대전 당시 아시아 전체를 차지하자며 일본이 주창한 '대동아공영권(大東亞共榮圈)'의 원론으로 볼 수 있는 침략 사상이었다. 즉 삼한 정벌설을 인용한 조선 멸시론과 침략론이 모두 요시다 쇼인에 의해 집대성되어서 체계적인 정한론으로 결실을 맺은 것을 볼 수 있다.

또한 그는 옥중 수기인 『옥시첩(獄是帖)』에서 "러시아 미국과 대등하게 강화하고 우리가 이것을 깨뜨려 융적(戎狄: 서양 열강)에게 신의를 잃지 않아야 한다. 단지 규정을 엄격히 하고 신의를 두텁게 한 후 국력을 키워 뺏기 쉬운 조선이나 만주 그리고 중국을 손에 넣고, 교역에서 러시아에 잃은 땅은 조선이나 만주로부터 토지로 보상받아야 한다"고 주장했다. 즉 "서양 열강에 의해 잃은 것을 조선과 아시아에서 보상받으라"는 이후 일본의 국가 정책으로 추진된 제국주의 식민지화론을 펼쳤다.

요시다 쇼인은 "진구 황후와 도요토미 히데요시가 황도(皇道)를 명확히 해 국위를 신장시킨 것은 신주(神州: 일본)의 빛남이라 할 수 있다"고 했다. 특히 도요토미 히데요시에 대해서는 "지성과 성심을 다해 천황을 받든 황은에 감복하며, 그 자세는 후세의 어떤 패자(覇者)도 따를 수 없었다"고 떠받들며, 존황숭배를 실천한 선각자로 평가했다. 그리고 도요

요시다 쇼인의 제자들. 왼쪽 위부터 시계 방향으로 기도 다카요시, 야마가타 아리토모, 이노우에 가오루, 이토 히로부미.

토미 히데요시의 정한 실행에 고무되어 "조선을 취하고, 만주를 차지하고, 중국을 제압하며, 인도까지 침입해 진취 세력을 넓혀서 진구 황후와 도요토미 히데요시가 이루지 못한 것을 완수해야 한다"고 했다. 진구 황후와 도요토미 히데요시의 조선 침략을 계승해 결실을 보겠다는 정한론을 펼친 것이다.

요시다 쇼인은 서양 열강의 압박 속에서 불평등 조약을 체결한 막부의 무능함을 비판하면서 막번 체제에 대한 대응으로 천황 중심의 국체론(國體論)을 이념으로 삼았다. 이 이념의 근거는 "천황의 부인 황후가 직접 이끈 신병에 의해 삼한 정벌이 감행되었다"는 삼한 정벌설이다. 즉 이 내용 속에 존황론(尊皇論), 신국론(神國論), 정한론이 모두 함축되어 있다.

이와 같이 요시다 쇼인의 정한론은 존황국체론과 표리일체를 이루고 있다. 따라서 정한론은 천황의 나라인 신국을 확립하고, 그 위상으로 조선을 정벌하자는 '존황정한(尊皇征韓)' 사상이라고도 할 수 있다. 이 사상이 바로 메이지 초기에 분출한 정한론으로 이어진 것이다. 이는 그가 개설한 사숙인 쇼카손주쿠(松下村塾)에서 메이지 정한론의 실천 지도자인 기도 다카요시(木戸孝允), 야마가타 아리토모(山縣有朋), 이노우에 가오루(井上馨), 이토 히로부미(伊藤博文) 등을 문하생으로 배출한 데에서 알 수 있다.

메이지 정한론과 비판론

메이지 유신과 삼한 정벌설의 부활

요시다 쇼인의 제자와 동조자가 중심이 되어 일으킨 일본의 메이지 유신(1868)은 도쿠가와 봉건 막번 체제를 붕괴시키고 일본을 근대 천황제 국가로 탈바꿈시킨 정치·사회적인 일대 개혁이었다. 메이지 유신 정부의 의도는 부국강병 논리에 있다. 당시 서양이 아시아 지배를 독점하던 시기에 일본에 필요했던 것은 우선 국가의 독립 유지였다. 이를 위해 당시 일본 정부는 내적으로 국권을 강화하고 외적으로 서구를 모방하는 식민지 경영을 통해 상품 시장을 확보하고 자원을 원활하게 공급해 산업 발전을 꾀하려 했다.

이 시기에는 열강들의 식민지 지배와 제국주의의 논리가 정당화되는 시점이었다. 일본에서도 내적으로 민권을 탄압하고, 외적으로 식민지를 확보해 국권을 강화해야 한다는 요구가 일어났다. 그 첫 단계가 바로 정한론이었다.

메이지 정부 내에서 스승인 요시다 쇼인의 뜻을 충실히 받들어서 정한론을 처음 발의한 자는 참의(參議: 각료)였던 기도 다카요시다. 기도 다카요시는 정한 논쟁에서 '내치 우선파'로 불렸지만, 1868년 12월 14일에 이와쿠라 도모미(岩倉具視)의 질문에 다음과 같이 답변했다.

조속히 천하가 나아가야 할 방향을 정하고 사절을 조선에 보내어 그들의 무례를 묻고 만약 그들이 불복할 때는 죄를 알리어 그 땅을 크게 공격하고 신주의 무위(武威)를 신장시키길 원한다.

『기도 다카요시 일기』 제1권,

메이지 원년(1868) 12월 14일[17]

조선의 무례를 묻고 조선이 일본의 외교적인 요청을 받아들이지 않으면 즉각 조선을 공격하도록 촉구하자는 내용이다.

애초 메이지 정부는 막부 폐지와 왕정복고 통고를 종전대로 조선시대 외교 창구였던 쓰시마 번에 위임했다. 1868년 12월 11일 대수대차사(大修大差使: 사절단장) 오케구치 데쓰시로(桶口鐵四郎) 일행은 쓰시마의 이즈하라(嚴原)를 출발해 12월 19일에 부산 초량 왜관에 도착했다. 그러나 기도 다카요시는 왕정복고를 조선 측에 통고하기도 전에 이미 "그 무례를 묻고 공격하라"는 정한론을 펼쳤다. 그의 스승 요시다 쇼인의 영향을 받아 메이지 시대가 되자마자 일찍이 일성(一聲)을 올린 것이다. 당시 메이지 정부에서 조슈(長州) 번(오늘날의 야마구치 현)의 역할과 대조선 외교에서 보였던 지위를 볼 때 그의 발언은 영향력이 있었다.

이와 같이 메이지 정부 집권자는 요시다 쇼인의 존황국체론을 계승해, 왕정복고를 알리는 「서계(書契: 공식 외교문서)」에 메이지 천황을 조선 국왕보다 위에 두었다. 그리고 '황조(皇祖)' '황상(皇上)' '황실(皇室)' '봉칙(奉勅)' 등 조선을 자극하는 용어를 사용했다. 또한 메이지 정부는 일방적으로 신인(新印)을 사용했다. 그러자 종래의 선린우호 격례(格例)와 서식과 내용이 다른 「서계」를 본 동래부사 정현덕(鄭顯德)은 문서 수납을 거절하고 즉시 일본 사절을 돌려보냈다.

조선은 조선시대 이래 계승되어왔던 선린우호 관계가 부활하기를 바랐다. 이후 조선 정부가 「서계」 양식을 변경하라고 계속 요구했지만, 일본은 계속 황(皇)과 칙(勅)의 문구를 고집한 채 사신을 보냈다. 메이지 정부가 구교의 회복이라면서 막부 말기 요시다 쇼인의 존황정한 사상을 그대로 계승해 외교에 관찰시켰기 때문이다. 천황숭배와 정한은 표리일체였다. 특히 메이지 정부는 조선 국왕이 도쿠가와 막부의 역대 장군과 대등한 관계였는데, 도쿠가와 장군은 천황의 신하였기 때문에 조선 국왕은 일본 천황에게 신하로서 예를 갖추어야 한다고 했다. 조선은 이런 일본의 오만한 외교 태도를 받아들일 수 없었다.

일본 사절이 계속 쫓겨나자 메이지 정부는 1869년 12월, 쓰시마를 통한 교섭을 중단하고 외무대록(外務大錄) 사다 하쿠보(佐田白茅)와 수행원 모리야마 시게루(森山茂), 사이토 사카에(齊藤榮) 등을 조선에 직접 파견해 실상을 파악토록 했다. 사다 하쿠보는 메이지 정부의 대조선 교섭에서 책임 역할을 맡았던 외무성(外務省) 고관이다. 내탐 사항 중에는 외무성이 태정관(太政官)에 허가받은 14개 조사 항목이 있었다. 이 가운데 마쓰시마(松島: 당시 독도의 호칭)가 조선의 부속(附屬)으로 된 경위도 자세히 파악해서 보고하라는 조항이 있다. 이미 메이지 정부는 영토 부속 문제가 모호할 경우 일본 영토로 부속시킬 의도가 있었던 것이다.

사다 하쿠보는 조선으로 파견되기 전부터 "조선은 진구·

오진 천황의 삼한 정벌 이래 우리의 복속국이다. 마땅히 우리나라는 상고의 역사에 비추어 우리 중흥 세력으로 조선의 무례를 쳐서 우리의 판도로 되돌려야 한다"고 삼한 정벌설을 사실로 인식한 정한론을 펼쳤었다. 내탐 작업을 정한론자인 사다 하쿠보에게 맡긴 데서도 그 배경을 알 수 있다.

1870년 4월에 돌아온 사다 하쿠보는 우선 독도와 관련한 「조선국교제시말내탐서(朝鮮國交際始末內探書)」라는 보고서를 올렸다. 이는 울릉도와 독도가 조선 땅이 아님을 밝히려다 도리어 '독도는 울릉도의 속도(屬島)임'을 강조하며, 울릉도와 독도가 조선의 영토임을 거듭 확인한 보고서다.[18] 주목할 점은 당시 일본 외무성과 국가 최고 기관인 태정관이 독도와 울릉도 모두 일본 영토가 아님을 명백히 인지해 정부의 공식 문서인 「일본외교문서(日本外交文書)」에 수록했다는 점이다. 사다 하쿠보는 이 보고서와 함께 "조선과 관계를 수립하는 것은 전혀 불가능하다"는 결론을 내리고 다음과 같은 과격한 정한론을 주장한 『건백서(建白書)』를 제출했다.

조선은 황국을 멸시하고 불손한 문자가 있어 황국에 치욕을 주고 있다. 주군이 치욕을 받으면 신하는 마땅히 죽어야 한다. 반드시 조선을 정벌하지 않으면 천황의 위엄이 서지 않는다. 조속히 황사(皇使) 1명, 대장 1명, 소장 3명을 뽑아 30대대를 인솔한다. 10개 대대는 강화도를 향해 왕성을 공격하고 대장이 여기를 통솔한다. 그리고 소장 한 명은 6개 대대를 통솔하고 경상·전라·충청 삼도로 진공(進攻)한다. 다른 소장은 4개 대대를 통솔해 강원·경기로 진공한다. 또 다른 소장은 10개 대대를 통솔해 압록강을 거슬러 올라가 함경·평안·황해 삼도를 침공한다. 이와 같이 공격 거리의 원근을 서로 유지해가며 하루에 30대대가 총궐기해서 조선의 소굴을 유린하면 반드시 무너진다.[19]

이는 아주 노골적인 침략론으로, 삼한 정벌설을 실행한 도요토미 히데요시의 조선 침략을 다시 재현하자는 주장이었다. 사다 하쿠보의 『건백서』는 대조선 교섭의 난항과 더불어 일본 조야에 많은 영향을 주었다. 특히 사다 하쿠보는 『건백서』 제출 직후 일본 전국을 유세하며 과격한 정한론을 알렸기 때문에 정한론은 당시 국민 여론으로 자리 잡았다.

이후 사다 하쿠보가 쓴 『정한평론(征韓評論)』(1875)에 수록된 겐자 구요시(源佐九良)의 글을 보면 "조선이 우리의 속국인 것은 이미 고사(古史)에 확실히 적혀 있다"[20]며 삼한 정벌설을 역사적인 사실로 인식하고 있다. 이같이 메이지 초기 정한론자들 모두 이 설화를 조선 침략의 선례로 받아들였다.

정한 논쟁

요시다 쇼인의 사상을 그대로 받은 조슈 출신 메이지 집권자 기도 다카요시와 외무부 실무자인 사다 하쿠보 등이 제창한 정한론은, 1873년에 사쓰마(현재의 가고시마) 출신 집권자인 오쿠보 도시미치(大久保利通)와 사이고 다카모리(西鄉隆盛) 등 메이지 정부 내에서 파벌을 가르는 큰 정치 문제로 확산되었다. 정한론이 일본 사회 내부를 안정시키고 외교 문제를 해결하기 위한 방책으로 제시된 측면이 있었는데 정치적인 파벌 싸움으로도 이용된 것이다.

메이지 정부는 도쿠가와 막부 붕괴 직전인 1854년 이후 서양 열강들과 불평등 조약을 맺었다. 이 불평등 조약의 개정 문제와 서양 열강의 근대화 실체를 시찰하기 위해 1871년 이와쿠라 도모미와 기도 다카요시를 정(正)·부(副)로 하는 50명의 대규모 사절단을 유럽에 파견했다. 그러나 이와쿠라 도모미와 기도 다카요시는 이전부터 사이고 다카모리와 대립하며 그를 견제했었다.

오랫동안 정부를 비우는 것을 염려한 이와쿠라 도모미와 기도 다카요시는 유수 정부와 몇 가지 협약을 맺었다. 즉 중요한 관제 개혁이나 인사 조치는 결정을 보류하고 불가피할 경우에만 외유 중인 사절단 측에 조회해 처리할 것을 못 박

정한 의논도.

았다. 그러나 사이고 다카모리, 이타가키 다이스케(板垣退助), 에토 신페이(江藤新平), 고토 쇼지로(後藤象二郎), 소에지마 다네오미(副島種臣) 등 정한파 참의들은 이와쿠라 도모미와 기도 다카요시가 외유로 정부를 비운 사이에 실권을 장악했다.

사이고 다카모리는 공연히 "조선이 일본에 대해 무례한 행동을 했으니 마땅히 응징해야 한다"고 주장했다. 이는 사족(士族) 세력(메이지 신정부의 구 무사 출신 계급)의 대표격인 사이고 다카모리가 근대화 과정에서 신정부에 소외된 자신들의 불만을 조선에 돌리려는 의도였다. 즉 대외 침략론인 정한론이 사상적인 본질 문제보다 집권 계파 간의 파벌 싸움 도구로 이용되는 양상을 띤 것이다.

근대 정한론 문제를 검토할 때 대외론으로써 사상적인 문제와 대내적 집권자 간의 파벌 싸움인 정한 논쟁을 잘 구분해서 파악해야 한다. 1873년 '메이지 6년 정변'으로 불리는 정한 논쟁은, 메이지 정부가 일본의 왕정복고를 조선에 전달하는 문서를 보낸 이후 교착 상태에 빠진 대조선 교섭에서 정한 자체에는 동의하면서 실행 시기와 방법상의 차이에서 나온 논쟁이었다. 이것은 메이지 유신 이후 유신 주도 세력 간의 재편성을 위한 투쟁이며 정한론이 단서가 된 것이다.

정한 논쟁은 1873년 6월 12일 각의에서 발단되었다. 조선이 일본 잠상(潛商: 법으로 금지한 물건을 몰래 사고파는 상인)에 대해 단호하게 조치하자 태정대신(太政大臣: 수상)인 산조 사네토미(三條實美)는 상식적인 차원의 대조선 외교 정책을 제의했다. 그러나 사이고 다카모리는 강경 노선으로 전권대사를 조선에 파견해서 개국을 설득하되 만약 조선이 대사를 죽일 경우 이것을 빙자해 토벌할 것을 강조했다.

그는 메이지 유신 이후 도태된 사족을 위해 활로를 개척할 방책으로 견한(遣韓) 사절을 파견하고 자신을 전권대사에 임명해줄 것을 간청했다. 이 자리에 참석한 참의들은 대부분 사이고 다카모리에 동조했으나 산조 사네토미는 가부를 정하지 않았다. 그러나 군은 결심을 한 사이고 다카모리와 동조자들을 이길 수 없었다. 결국 8월 17일 각의에서 사이고 다카모리를 견한 사절로 보낼 것을 결정했다.

이와쿠라 사절단. 오른쪽부터 오쿠보 도시미치, 이토 히로부미, 이와쿠라 도모미, 야마구치 나오요시, 기도 다카요시.

그러나 메이지 천황이 직접 나서서 "견한 사절 안건은 중대사"라는 이유로 이와쿠라 사절단이 귀국한 후 심사숙고해 논의하도록 다시 부결시켰다. 이후 외유에서 귀국한 이와쿠라 도모미·기도 다카요시·오쿠보 도시미치 등은 내치 우선을 이유로 즉시 정한에 반대했고, 10월 24일 논쟁 끝에 견한 사절의 무기 연기를 결정했다. 그러자 사이고 다카모리·이타가키 다이스케·에토 신페이·고토 쇼지로·소에지마 다네오미 등 즉시 정한파 다섯 참의는 사직하고 낙향했다. 반면에 기도 다카요시·오쿠보 도시미치·이와쿠라 도모미 등 이른바 견한 사절 파견 반대파는 새로운 세력을 구축함으로써 정한 논쟁은 막을 내렸다.

이렇듯 메이지 정부의 내분을 초래한 정한 논쟁은 즉시 정한을 주장했던 자나 시기상조를 이유로 반대했던 자나, 정한이라는 대외관의 본질은 같았다. 따라서 이 논쟁의 진상은 권력 내부의 파벌 싸움에 불과했다.

메이지 초기의 정한론은 요시다 쇼인의 정한론을 계승한 것이며, 메이지 정부 수립 직후에 정치적인 불안이 발생하자 조선을 침략해 시선을 외부로 돌리고자 한 것이다. 아울러 서양 열강에 정치·경제·심리적으로 받은 압박과 손해를 보상받으라고 한 요시다 쇼인의 주장을 그의 제자와 동조자들이 그대로 실천에 옮긴 데서 나온 것이다.

이후 내치 우선을 이유로 즉시 정한에 반대했던 핵심 정한론자 기도 다카요시가 주도한 메이지 정부에 의해 대만 침공과 조선 해안 도발이 감행되었다. 그리고 1876년에 조선 침략의 첫 단계인 강화도 조약이 체결되었다. 이는 막부 말기 일본이 서양 열강에 당한 불평등 조약을 그대로 답습하면서도 그보다 훨씬 더 가혹하고 일방적인 조약이었다.

강화도 조약 체결 이후 일본은 조선 병합을 이룰 때까지 일관된 대조선 침략 정책을 수행했다. 특히 일본 국민을 황국신민화(皇國臣民化)하기 위한 사상 무장을 목적으로 진구 황후의 삼한 정벌설을 사실로 둔갑시키고 국민학교에서 철저하게 왜곡된 역사를 교육시켰다. 한 예로 역사 교과서에는 진구 황후의 삼한 정벌 상상도까지 크게 실어서 침략적인 역사 인식을 주입시켰다.

정한론에 대한 비판론

근대 일본 침략 사상의 기점이 된 메이지 정한론은 삼한 정벌설의 부활이며 또 실행 시기와 방법을 놓고 논쟁까지 벌어졌다. 1875년 3월, 주분기호로(忠芬義芳樓) 출판사에서 『정한평론』이라는 책이 출간되었다. 과격한 정한론을 주장했던 사다 하쿠보가 자신의 글을 비롯해 정한론과 관계된 여덟 편의 글을 모으고 그에 대한 비평을 주석으로 달아 출판한 것이다. 수록된 글 중에서 이색적으로 정한론의 본질을 비판한 다야마 마사나카(田山正中)의 글이 수록되어 있다.

그는 이 글에서 "세상 사람들은 진구 황후의 고대 조선 정벌을 대단한 공적이라 하며 국가의 영예로 생각한다. 왜 위대하다고 여길까? 아마도 단순한 무위 때문일 것이다. 그러나 우리 문명의 기초를 세울 수 있었던 것은 당시 아시아 대륙의 문물과 공예를 잘 전달받았기 때문이다"[21] 라고 반문했다.

그는 이어서 "단순히 무위를 떨쳐도 명분을 묻지 않고 뜻을 이루는 업적이라며 훌륭하다 하니, 마침내 좀도둑과 같은 강탈 행위조차 같은 부류로 여기게 될 것이다. 우리 문명의 유래를 생각하면 복을 준 자는 그들이고, 우리는 그것을 받은 자다. 이 은혜는 결코 잊어서는 안 된다"고도 했다.

그러고는 "도요토미 히데요시의 조선 출병은 불의한 행동이자 옳지 않은 폭행으로, 신주라는 정의의 이름을 더럽히고 조선이 일본을 원수로 보는 지경에 이르렀다"[22]며 혹독하게 비판했다.

다야마 마사나카는 당시 메이지 정한론자들이 인용한 삼한 정벌설에 대해 사실 여부를 떠나 침략상 자체를 강력히 비판했다.

삼한 정벌설은 일본 학자들 사이에서도 허구성이 많이 지적되고 있는 내용이다. 당시 다야마 마사나카가 삼한 정벌설의 침략상 자체를 "무력만 내세우는 강탈과 같다"고 비판한 것은 이 설화를 인용한 과거 모든 침략 사상에 대한 비판이라 할 수 있다.

문화 전파의 은혜를 잊지 말아야 한다는 지적은 고대 한일 교류사에 대한 올바른 역사 인식이다. 또한 에도 시대에 주류를 이룬 유학자들이 조선의 학문과 문화를 존중한 사상을 계승했다고 볼 수 있다.

정한론이 일본 조야에 들끓었던 이런 시기에 다야마 마사나카와 같은 주장이 존재한 것은 이후 근대 일본이 침략적인 조선관으로 바뀐 것을 생각해볼 때 매우 놀랄 만한 일이다.

그러나 사다 하쿠보는 도요토미 히데요시의 조선 침략을 날카롭게 비판한 다야마 마사나카의 주장에 대해 각주를 달고 "도요토미 히데요시의 조선 침략을 어떻게 불의·폭행이라고 할 수 있는가. 아마도 도요토미 히데요시는 이렇게 대답할 것이다. 영국과 미국의 교제(제국주의적인 외교)는 우리의 거병과 닮았다. 아, 너는 아직 외국의 사정을 듣지 못하고 영웅의 심사를 알지 못하는 사람이다"[23]라며 비판했다. 즉 사다 하쿠보는 조선을 침략한 도요토미 히데요시를 근대 제국주의 열강을 따르는 아시아 침략의 선구자로 정당화하고 존경했다. 사실 메이지 정한론 이후 조선을 침략하려는 정한론자들은 하나같이 도요토미 히데요시를 영웅으로 보았다.

이에 반해 다야마 마사나카의 비판은 에도 시대 지식인의 도요토미 히데요시 비판설[24]을 계승했으며, 조선과 일본의 선린우호 관계에서 뿌리내린 진지한 조선관에서 나왔다. 다야마 마사나카는 당시 정한론에 대해 다섯 가지로 나누어 차례로 비판했는데, 이를 요약하면 다음과 같다.

첫째, 지금 나라의 공신들은 각자 소견을 달리하고 장졸들은 모두 공적을 내세우니 제압하기 어렵다. 그러므로 사건을 조선에서 일으켜 잠시 사태의 화를 돌리려 한다. 아,

이것은 도요토미 히데요시의 전철을 밟는 것이다. 그 의롭지 못하고 무례한 바는 이미 앞에서 말한 대로다.

둘째, 조선을 제압한다 해도 그들의 민심을 어찌 하루아침에 우리에게로 돌릴 수 있겠는가. 게다가 조선에 있는 자는 모두 적진에 있는 꼴이다. 즉 사면이 모두 적인 곳에서 이보다 더 강한 적을 막으려 한다면 어찌 목표한 것을 이룰 수 있겠는가.

셋째, 잠시 사건을 조선에서 일으켜 우리 사기를 진작시키려 한다. 이는 매우 비겁한 짓이다. 지금 아침저녁으로 외국의 강한 적을 상대하며 처참한 수모를 겪고 있지만 용케 참아오고 있다. 서양인에 대해서는 대의명분을 버린 채 복종하고 배우며 이런 수모는 크게 문제 삼지도 못하면서, 의리를 저버리고 이웃 나라에 무리하게 사건을 일으키려 한다. 망령되게 약소한 이웃을 업신여기고 아무런 문제 없이 조용히 있는 나라를 침략하려 한다. 지금 사람들의 비판은 힘으로 누를 수 있을지 몰라도 훗날 각국의 사람들에게 좋은 평가를 얻기는 어렵다.

넷째, 개항하면서 우리는 이미 쇄국이 잘못되었다는 사실을 알아차렸다. 따라서 조선을 잠시 동안 외국에 접하게 해주는 것은 우리의 임무다. 처음 미국 전함이 에도 앞바다에 침입했을 때 맹약을 가지고 우리에게 개항을 요구했는가? 영국, 러시아, 네덜란드, 프랑스도 총을 가지고 침략해 들어와 각자의 욕심을 드러냈다. 우리의 손발을 속박하고, 기름진 땅을 착취해 오랫동안 피폐해지고 거의 쓸 수 없게 했다. 그런데도 지금 우리가 조선에 강요하는 바는 그들더러 우리의 전철을 밟으라고 권하는 것과 마찬가지다. 만약 우리가 조선인이라면 어찌 이를 생각하지 않을 수 있을까.

다섯째, 일을 벌여 민심은 고무하고 우리의 문명을 크게 일으키려 한다. 그러나 조선 땅을 빌려 이를 시험해보려 하니 매우 비도덕적인 욕심이다. 앞서 말한 것처럼 눈앞의 강적은 겁이 나서 피하고, 평화로운 약소국을 위협하는 것은 의로운 일이 아니다. 전해 들은 바에 따르면 조선인은 의리가 깊고 기질이 아름다워서 아시아 가운데서도 뛰어나다. 모든 외국의 간청에도 응하지 않는 모습이 마치 덕을 한결같이 간직한 미인과 같다. 미인은 언제나 사람들에게 사랑을 받는다. 헌데 유독 우리는 이 아름다운 나라를 소중히 하지 않고 어찌 이처럼 학대할 수 있는가.[25]

그는 첫째, 메이지 정부의 내분으로 대두한 불평 사족들의 해소 방식[26]을 '집안의 미치광이를 이웃집에 보내는 일'에 비유하며 도요토미 히데요시의 조선 침략 전철을 밟는 일이라고 비판했다.

둘째, 물리적인 제압이 일시적으로는 가능하나 조선의 민심까지 장악하기는 어렵다고 보았다. 그러면서 병법에 어긋나면서까지 조용한 조선을 적으로 삼으려는 메이지 정부의 부당성을 비판했다.

셋째, 정한론자들의 서양관을 문제 삼았다. 즉 서양에는 대의명분과 자존심도 버리고 비굴하게 복종하면서, 조선에는 의리를 저버리고 침략주의로 임한다며 이중적인 자세를 비판했다. 이중적인 자세는 "서양에 잃은 것은 조선에서 보상받으라"는 요시다 쇼인의 가르침 자체이기도 했다. 다야마 마사나카는 이것을 날카롭게 비판했고 후대의 평가까지 염려했다.

넷째, 개국의 필요성은 알리되 일본의 전철을 조선이 밟지 말아야 한다고 지적했다. 에도 시대 이래 조선에 대한 의리와 평화의 전통을 살리고자 했던 선린우호적인 따뜻한 자세를 볼 수 있다.

다섯째, 문명의 이름으로 조선을 침략하려는 불의를 개탄했다. 특히 조선인의 의리와 기질이 아름답다고 극찬하면서 정한론을 개탄했다.

이는 일본 조야가 정한론으로 치닫는 가운데 이것과 대비되는 놀라운 조선론이었다. 다야마 마사나카는 에도 시대 이래의 신린적인 조선관에 따라 정한론의 본질을 비판했다. 그의 주장은 정한론이 대두했던 막부 말부터 메이지 초에 선린적인 조선관이 아직 일본인 속에 남아 있었음을 보여준다.

그런데 왜 메이지 이후 다야마 마사나카의 주장은 사라지고 멸시와 침략적인 조선관이 대다수 일본 국민 속에 자리 잡았을까? 이는 근대 이전부터 내려온 침략적인 조선관을 막연히 계승한 것이 아니다. 메이지 정한론을 기점으로 한 일본 정부의 조선 침략 정책과 실행 과정에서 의도적으로 재형성되었기 때문이다. 그리고 근대 천황제 국가 확립과 국민 교육의 보급 속에서 국민에게 정착되었다. 따라서 근대 일본의 침략 역사에서 메이지 정한론이 갖는 의미는 더욱 크다.

근대 천황제 국가 확립과 문명주의 침략 사상

근대 천황제 국가 확립

일본 천황은 고대부터 정치 실권을 가졌을 때나 가지지 못했을 때나 국왕의 권위와 함께 국가 수호신으로서 대제사의 위상을 지켜왔다. 1192년부터 1867년까지 700여 년간은 일본에서 무사가 실권을 쥔 시대였다. 이 시기에 집권자는 정적은 제거하면서도 천황만큼은 결코 죽이거나 해치지 않았다. 천황의 위상만은 건드릴 수 없었기 때문이다. 무사 정권의 안정기인 에도 막부 때도 천황을 견제하기는 했다. 그러나 천황이 장군에게 직접 '정이대장군(征夷大將軍)'이라는 막부 통치권을 임명했다. 실제 권력을 떠나 위상으로는 장군이 천황의 아래였던 것이다. 이는 중세 유럽에서 국왕을 임명한 로마 교황과도 같았다.

18세기 말 일본에서는 모토오리 노리나가(本居宣長)를 중심으로 삼한 정벌설을 기술한 『일본서기』를 비롯해 여러 고전 문헌이 연구되었다. 이는 유교와 불교가 들어오기 전 일본의 고대 정신을 해명·부활시키려는 국학 운동에서 기인했다. 이것이 일본에서 근대 천황제 국가가 성립된 계기였다.

그는 고전 문헌에 기록된 천황 가계 연구를 통해 신화를 사실로 인식했다. 그리고 태양신인 아마테라스 오미카미는 일본 태생이고, 태양신의 자손인 일본 천황가의 혈통이 연속되고 있다고 했다. 또한 일본은 신이 지켜주는 신국이라고 주장했다. 이러한 주장을 통해 '천황은 일본 국가 체제의 독자성과 우수성을 상징하는 존재'라는 관념이 확립되었다. 이 주장은 메이지 유신을 주도한 요시다 쇼인과 그의 제자들에 의해 막부 말기에 천황을 받들고 막부를 타도하자는 '존황도막(尊皇倒幕)' 사상으로 이어졌다. 그리고 메이지 초에 '존황정한(尊皇征韓)' 사상으로 발전했다.

정한론자를 주축으로 한 메이지 정부가 정치 권위를 유지하고 근대화를 추진해 일본의 부국강병을 실현하려면, 강력한 중앙집권 국가 체제와 국민 통합이 필요했다. 메이지 정부 수립 이후 요시다 쇼인의 제자인 이토 히로부미는 근대 국가 시스템 도입을 주도하면서 입헌군주제와 근대 헌법 제정에 앞서 영국과 독일 등 유럽을 시찰했다. 그는 서양 국가들이 산업화에 성공하고 부국강병을 이룬 정신적 지주가 기독교라는 사실을 알게 되었다.

핵심 요직인 추밀원 의장 이토 히로부미는 1888년 6월 제국 헌법 초안을 추밀원에서 심의했다. 이때 회의에 앞선 자기 소신 표명에서 이토 히로부미는 "헌법 정치가 자리 잡은 서양에서는 국민정신의 중심에 기독교가 있다. 그러나 일본의 종교는 약체라 그 역할을 제대로 못하고 있다. 따라서 일본에서 중심이 될 존재는 오직 천황가(天皇家)뿐이다"라고 단정했다. 그 결과 '천황제'를 국가 통합 이데올로기로 도입하기에 이르렀다. 이것은 스승인 요시다 쇼인의 존황국체론을 계승한 것이기도 하다.

메이지 정부는 『고사기(古事記)』와 『일본서기』의 신화를 근거로 천황을 신격화했다. 그리고 천황에게 절대 권력을 부여해 신성 불가침한 통치자로 천황의 이미지를 대중에게 침투시켰다. 즉 "천황가는 일본 민족의 조상이며 개국 후 신의 자손으로 일본 열도와 민족을 지배해왔다"는 천황 신격화를 창작해 교육시켰다. 이를 위해 일본 고유의 종교인 신도(神道)를 일본의 전 종교를 하나로 통합하는 새로운 국교(國

敎)인 국가신도(國家神道)로 격상시켰다. 그리고 천황을 국가 신도의 최고 제사를 행하는 신성한 대제사의 모습으로 다시 각인시켰다.

1889년에 제정된 황실전범(皇室典範)과 대일본제국헌법 (大日本帝國憲法) 제1조에서 "대일본제국은 만세일계의 천황이 통치한다"고 천황 주권을 기본 원칙으로 정했다. 천황에 대한 숭배 의식을 고착시킨 것이다. 이로써 메이지 천황은 국가 원수로서 행정·입법·사법의 삼권을 포함한 통치권을 모두 관할하는 막강한 행정권도 갖게 되었다.

또한 「교육칙어(敎育勅語)」도 반포했다. 이는 천황에 대한 국민의 애국심 등 교육의 기본 이념을 담은 것으로 전국의 학교에 배포했다. 여기에서 국가가 위급할 때 국민이 모든 것을 바쳐 국가에 충성하고 황실의 운명을 도와야 한다는 점을 강조했다. 즉 천황을 위해 목숨까지 바쳐야 한다는 사상을 국민에게 심어주었다.

이같이 메이지 정부 지도자들은 옛 기록 속의 천황 신화를 사실의 역사로 창작해 일본을 신국으로 규정했다. 그리고 천황은 신성불가침한 절대 주권을 갖는 현인신(現人神: 사람이면서 신적인 존재)이며, 국가와 민족의 근간이라고 교육했다. 또한 천황제 이데올로기를 빠르게 정착시키기 위해 "천황을 윤리·정신·정치의 중심에 세워 국가를 운영해야 한다"는 국체론(國體論)을 전개했다.

후쿠자와 유키치의 문명주의 침략 사상

근대 이후 삼한 정벌설은 천황 중심의 국체론을 확립하면서 정한론으로 부활했다. 그리고 이것이 확산되면서 서양 문명론을 명분으로 한 또 하나의 정한론인 후쿠자와 유키치(福澤輸吉)의 침략 사상이 등장했다. 결과적으로 융합이 어려워 보였던 양자가 융합되면서 조선 침략의 사상적인 기둥 역할을 했다.

후쿠자와 유키치는 메이지 시대에 문명론을 펼친 근대 사상가다. 일본이 일미 화친 조약(1853)을 하자, 그는 막부 말기인 1860년에 막부 사신의 수행원으로 미국을 방문했다. 또한 1862년에 유럽과 아시아를 1867년에 다시 미국을 방문하는 등 모두 세 차례에 걸쳐서 외유했다. 그의 문명론은 외유의 견문과 체험을 통한 선진국 문화 학습으로 형성되었다. 서양을 직접 견문한 그는 문명의 차이를 실감했다. 그리고 일본의 문명이 도약해야 위기를 극복할 수 있다고 보았다. 여기에서 그가 생각한 문명은 바로 '서양 문명'이다.

후쿠자와 유키치는 유럽·미국 등의 선진 문명을 견문하고, 귀국 후 『서양사정(西洋事情)』[27]을 간행하며 본격적인 집

후쿠자와 유키치는 서양 제도와 이념을
소개하는 등 문명론을 역설했다.

필 활동에 들어갔다. 『서양사정』은 1866년 초판을 시작으로 외편(外篇)은 1868년에, 제2편은 1870년에 간행해 위판(僞版)까지 포함해서 모두 25만 부가 팔린 베스트셀러였다.

그는 서양 제도와 이념을 소개하는 사람으로 명성이 높았다. 그는 유럽을 외유하면서 많은 원서를 구입했다. 그리고 그의 서양 체험과 원서를 토대로 『학문의 권장(學問のすすめ)』[28] 『문명론의 개략(文明論之概略)』[29] 등 계몽 서적을 간행하면서 일본에서 문명개화 운동을 전개했다. 그는 현재 일본에서 '일본 근대화의 총체적 스승'으로 평가받는다. 그리고 1만 엔 초상화의 주인공이기도 하다.

특히 후쿠자와 유키치는 근대 천황제 국가 확립도 선도했다. 그가 펴낸 『존황론』에서는 정치·군사·경제·사회·도덕·학문·예술 등 사회 전반의 문명화에서 천황의 공덕이 미치지 않는 분야가 없다고 했다. 또 "천황의 신성함을 무궁토록 유지하려는 것은 일본 사회에 무편무당(無偏無黨)의 구심점을 확립해 흔들리지 않는 국체가 형성되기를 바라기 때문이다"[30]라고 했다.

영국 입헌군주제는 '군림하되 통치하지 않는 군주', 즉 군주의 권한을 제한하고 있다. 그러나 후쿠자와 유키치는 일본의 입헌군주제를 일군만민(一君萬民) 체제로 만들어 군주인 천황의 위상을 극대화하려 했다. 즉 천황은 모든 영역을 초월해 국민을 하나로 통합할 정신적인 지주라는 강력한 국가 정체를 이루려 했다. 그런 측면에서 후쿠자와 유키치는 당시 영향력 있는 언론인이자 사상가로 메이지 정부의 천황 신격화 작업을 적극적으로 옹호하며 동참했다.

문제는 그가 문명론자이면서 침략 사상가라는 점이다. 후쿠자와 유키치는 조선과 일본이 강화도 조약을 맺은 이후인

1만 엔 권에 실린 후쿠자와 유키치 초상화.

1877년에 월간지 「가정총담(家庭叢淡)」 제47호에서 처음으로 조선을 언급했다. "과거 스승과 같았던 조선도 오늘날 문명화가 진행 중인 일본에 비하면 너무 빈약하다"고 한 것이다. 그리고 그 이유로 "역사가 발전하지 못하고 정체되어 있기 때문"이라고 지적했다. 조선 개항 후 후쿠자와 유키치의 발언은 조선 멸시론과 정체론의 출발점이 되었다.

후쿠자와 유키치는 1880년부터 일본을 방문한 조선인 청년들에게 부국강병론, 신분 제도와 문벌 특권층 혁파 등을 역설했다. 그리고 김옥균·서재필·윤치호·유길준 등 개화파 청년들이 조선을 개혁할 것으로 기대했다.

1881년, 조선은 일본의 서구 개화 문명을 배우겠다며 일본에 '신사유람단(紳士遊覽團)'을 파견해 일본인의 관심을 끌었다. 당시에는 후쿠자와 유키치가 발행과 주필을 맡은 「지지 신보(時事新報)」에서 조선 수구파와 개화파의 갈등을 자주 소개해 일본 대중이 조선에 대해 관심이 많던 상황이었다.

「지지 신보」 창간 첫해인 1882년 3월, 그는 '조선과 교제를 논함'이라는 제목의 사설에서 "일본과 조선을 비교할 때 일본은 강대하고 조선은 약소하다. 일본은 이미 문명에 진입했고 조선은 아직 미개하다"[31]고 문명화의 잣대로 조선 멸시론을 펼쳤다. 그리고 문명화가 진행 중인 일본이 주변국을 개화하고 개혁을 지원해야 한다고 역설했다. 그는 "조선이

미개하므로 이를 유인하고 이끌어야 한다. 인민은 정말로 완고하고 고리타분하므로 이를 깨우치고 끝내 무력을 사용해서라도 진보를 도와야 한다"고 문명화를 명분으로 한 무력 개입을 주장했다.

1881년 10월, 메이지 유신 이후 서양 근대화 속에 일본은 자유 민권 운동이 한참 고조된 상황에서 이에 배치되는 정변(메이지 14년 정변)이 발생했다. 당시 자유 민권론자이자 참의인 오쿠마 시게노부(大隈重信)는 국회를 개설하고 정당내각제를 실현하자고 주장했다. 국회 개설은 국민과의 약속이었다. 그러나 이토 히로부미는 시기상조라며 이를 반대하고 오쿠마 시게노부를 정부에서 몰아냈다. 그리고 천황 칙령으로 9년 이후인 1890년까지 국회 개설을 연장한다고 발표했다.

정변 이후 정부에 대한 일본 국민의 반발은 심해졌다. 그러자 후쿠자와 유키치는 '관민조화(官民調和)'를 위해 정부를 향한 국민의 화살을 외부로 돌리는 '내안외경(內安外競: 국내 안정을 도모한 대외 경쟁)'이 절실했다.

그러던 중 1882년에 조선에서 임오군란이 발발했다. 후쿠자와 유키치는 군란을 호재로 삼아 "우리의 정략은 오직 문명 개진이며, 병사도 문명 개진 병사라는 것을 세계 만국에 알리기를 바랄 뿐이다"[32]라고 조선 문명화를 구실로 한 출병을 다시 한 번 내비쳤다. 임오군란 후 청국은 조선에 군대를 주둔시키며 내정 간섭을 일삼으니, 일본은 군사를 개입해 서라도 축출해야 할 책임이 있다고 강조한 것이다.

1884년 12월, 김옥균·박영효·서재필 등 급진 개화파가 일으킨 갑신정변이 실패했다. 개화파 인사들이 가혹한 형벌을 받고 가족들도 연좌제로 처형당하는 것을 본 후쿠자와 유키치는 '조선 독립당의 처형'이라는 사설에서 조선의 야만적인 형벌을 규탄했다. 후쿠자와 유키치는 조선이 갑신정변에 실패하고 청국도 청불 전쟁에서 패배하자 국제적인 위기감을 느꼈다. 그리고 1885년 3월 1일, 「지지 신보」에 문명론을 명분으로 한 또 하나의 정한론, '탈아론(脫亞論)'을 발표했다.

우리 일본의 국토는 아세아의 동쪽에 있지만 국민정신은 이미 아세아의 고루를 벗어나 서양으로 이동했다. 그런데 여기에서 불행한 것은 주변에 지나(중국)와 조선이 있다는 사실이다. (중략)

두 나라가 고풍구관(古風舊慣)에 연연하는 모습은 천 년 전과 다르지 않다. 이 문명일신의 활극장에서 교육면을 논하면 유교주의이고, 학교의 「교지(教旨)」는 인의예지를 칭하고, 하나부터 열에 이르기까지 외관의 허식만을 일삼고, 실제는 진리 원칙의 지견이 없을 뿐만 아니라 도덕까지도 땅에 떨어져 잔혹과 불염치(不廉恥)가 극에 달하고 있다. 그러면서도 아직도 교만해 자성할 생각이 없는 사람과 같다. 보거순치(輔車脣齒: 불가분의 관계)란 것은 인국(隣國: 이웃 나라)이 서로 도와주는 것을 말한다. 그럼에도 지금의 지나와 조선은 우리 일본을 위해 조금도 도움이 되지 못한다.

뿐만 아니라 삼국은 지리적으로 서로 접하고 있기 때문에 서양 문명인은 지나와 조선을 기준으로 일본을 인정하는 경우도 있다. 그렇다면 금일을 도모하는 데 일본은 인국의 개명을 기다려 함께 아세아를 일으킬 여유가 없다. 오히려 열을 벗어나고 서양 문명국과 진퇴를 같이해 지·한과 접촉하는 방법도 있다. 그러니 인국이라고 특별히 인사치례를 할 필요도 없고 서양인이 이들 나라와 접촉하는 방법을 쫓아 처분할 따름이다. 악우(惡友)를 가까이하는 사람은 함께 악명을 면할 수 없다. 그러므로 나는 아세아 동방의 악우를 사절하는 바다.[33]

이 내용에서 그는 일본이 아시아 중 유일하게 문명동점(文明東漸)의 파도 속에서 침몰하지 않고 문명의 단계에 도달했다고 보았다. 그리고 조선과 중국은 아직도 유교주의에 사로잡혀 수천 년 전과 다름없는 정체된 상태라는 사실을 강조했다. 따라서 이 나라들과 가까운 관계에 있는 일본이 서양 제국과 접촉할 때 피해를 본다고 했다. 또한 서양 열강들이 제국주의로 아시아를 분할하듯 앞으로 일본도 조선과 중국을 제국주의 침략 국가의 일원으로 대처해야 한다고 주장했다.

탈아론은 정체론(停滯論) 사관에 입각한 아시아 멸시와 문명이라는 이름으로 조선과 아시아 침략의 정당성을 선언한 내용이다. 탈아론 발표 이후 메이지 초기부터 확산된 정한론과 융합되면서 조선과 아시아에 대한 체계화된 침략 사상이 확립된 것이다.

특히 탈아론으로 일본은 메이지 이후 지속된 근대화의 총체적인 방향을 제국주의 침략 노선으로 결정지었다. 그의 탈아론에는 이미 천황을 중심으로 한 국권주의 논리와 아시아 멸시론이 내재되었다. 그러나 이는 대외적인 위기감이 고조되는 가운데 표출된 제국주의 침략 사상이다. 다시 말해서 후쿠자와 유키치는 일본이 선택한 제국주의의 길을 문명국의 존재 증명으로 합리화했다. 이 논리는 이후 제2차 세계대전까지 일본이 아시아 침략을 정당화하는 이론의 근거가 되었다.

1885년 4월에 영국이 거문도를 점령해 조선 정부가 이에 항의하자, 후쿠자와 유키치는 5월에 「지지 신보」의 사설을 통해 "조선 인민을 위해 조선의 멸망을 기원한다"는 극단적인 글을 쓰며 조선 정부를 규탄했다. 그는 "인민의 생명과 재산도, 독립 국가의 자존심도 지키지 못하는 나라는 오히려 망하는 것이 인민을 구제하는 길이다"라고 했다. 외세에 점령당하든 새로운 체제가 들어서든, 조선이 멸망해야 백성을 속박에서 풀어줄 수 있다고 봤다.

청일 전쟁 발생 직후인 1894년 7월 29일에 그는 '청일 전쟁은 문명과 야만의 전쟁이다'라는 제목의 사설을 실었다. 이 사설에서 "청일 양국 간에 전쟁이 일어났지만, 이는 결코 문명개화를 도모하는 자와 이를 방해하는 자 사이의 전쟁이 아니다. 오히려 종교 전쟁이다"라고 단언했다. 그러면서 이 전쟁은 관민이 일치해 승리해야 한다고 적극적으로 선도했다. 문명론을 명분으로 삼아 침략 전쟁을 합리화하려는 주장임을 알 수 있다. 일본이 청일 전쟁에 승리하자 그는 "평생의 숙원이 결실을 맺은 일대 쾌거"라고 표현하면서 훗날 쓴 『회고록』에 다음과 같이 서술했다.

관민이 일치해 거둔 청일 전쟁의 승리는 유쾌하기도 하고 고맙기도 해서 말로 표현할 수 없다. 살아 있기 때문에 이런 좋은 구경을 하게 되었다. 먼저 죽은 동지와 붕우(朋友)가 불행하다. 아, 참으로 보여주고 싶어 나는 몇 번이나 울었다.[34]

『회고록』을 보면 그가 승리에 얼마나 고무되었는지 알수 있다. 청일 전쟁을 수습한 시모노세키(下關) 조약의 조인(1895년 4월 17일) 당시 쓴 '조선 문제'라는 사설에서 그는 "조선은 사지가 마비되어 움직일 능력이 없는 병자며, 일본인은 마비 증세를 치료하는 의사다"[35]라고 했다. 그러면서 일본이 본격적으로 감행한 제국주의 침략 전쟁의 승리를 정당화하며 극찬했다.

메이지 정한론의 뿌리는 진구 황후의 삼한 정벌설이며, 이것을 확고한 사상으로 만든 인물이 요시다 쇼인이다. 그리고 후쿠자와 유키치가 체계화한 탈아론은 문명론을 명분으로 한 대아시아 침략 사상이다. 이 두 개의 근대 침략 사상이 '천황국체론'을 뒷받침하면서 융합되어 일본 제국주의 사상의 근간이 되었다. 특히 정한론과 융합한 대아시아 침략 사상을 근거로 일본은 청일 전쟁 이후 러일 전쟁, 제1차 세계대전, 만주사변, 중일 전쟁, 제2차 세계대전(태평양 전쟁)까지 전쟁을 일으켰다. 그리고 일본이 저지른 모든 전쟁을 정당화하는 사상적인 기둥 역할을 했다.

도쿠토미 소호의 대일본 팽창론

청일 전쟁 때 후쿠자와 유키치와 함께 '대일본 팽창론'을 펼치며 제국주의 침략 전쟁을 선도한 사람은 도쿠토미 소호(德富蘇峰)[36]다. 그는 청일 전쟁 개전을 계기로 '대일본 팽창론'을 수립했고. 이 전쟁을 "일본이 팽창할 절호의 기회"라고 주장했다. 즉 대일본 팽창론은 동양에서 일본이 팽창할 근거를 만들어 장애를 배제하고, 세계를 향해 팽창하

대일본 팽창론을 수립한 도쿠토미 소호.

려는 일본을 인식시키는 데에 있다고 했다. 또한 팽창하려는 일본이 자신감을 얻으려면 전쟁을 수행해야 한다며 전쟁 옹호론도 펼쳤다.[37]

특히 도쿠토미 소호는 "정청(征淸)의 거사는 물질적인 동시에 정신적인 의의가, 완력적인 동시에 도의적인 의의가, 일시적인 동시에 영구적인 의의가, 부분적인 동시에 전체적인 의의가 있다"[38]며 일본의 발전과 도약을 위한 청일 전쟁의 의의를 높이 평가했다.

또한 그는 인구 증가율이 국가 팽창력을 규정한다고 보았다. 그리고 일본은 높은 인구 증가율이 장점이며, 인구 증가

로 인한 국토 확장의 필요성을 강조했다.

　　오늘날 일본은 다다미 여섯 장인 방에 두 사람이 동거해
　야 할 정도로 국토가 비좁다. 해마다 40만 명을 기점으로 증
　가하는 인구를 그대로 누적하면, 결국 사람 위에 사람이 살
　수밖에 없다. (중략) 이후 60년간 일본 국토의 면적을 두 배
　로 늘리지 않으면, 인구와 면적의 비례를 유지할 수 없다.[39)]

　도쿠토미 소호는 인구가 증가해도 국력 판도를 확대하지
않으면 국토를 타국에 빼앗기는 것과 같다고 말했다. 따라서
인구가 증가하면 적극적으로 국토를 확장시키는 것이 당연
하다고 보았다.

　도쿠토미 소호는 국가의 대외 팽창력을 권리로 인식했다.
이는 삼한 정벌설을 근거로 일본이 고대부터 한반도 영토의
권리를 가졌다는 정한론자의 역사 인식과도 통하는 내용이다.

　그는 "지금이야말로 300년 이래 웅크렸던 일본이 비약적
으로 팽창할 기회며, 전쟁은 승패 이상의 깊은 의미를 갖는
다"[40)]고 했다. 국가의 생존과 팽창이라는 개념을 묶어서 침
략 전쟁 수행을 당연하게 생각하는 또 하나의 정한론을 펼
친 것이다.

　절대주의적인 근대 천왕제가 확립되는 가운데 메이지 정

한론과 후쿠자와 유키치의 탈아론, 도쿠토미 소호의 팽창론이 융합되어 침략 사상을 이루었다. 그리고 청일 전쟁, 러일 전쟁, 조선 병합을 감행했다. 이 침략 사상은 1930년대 이후 일본의 본격적인 군국주의와 더불어 황국사관(皇國史觀)과 대동아공영권이라는 이데올로기의 기초가 되었다. 또한 만주사변, 중일 전쟁, 제2차 세계대전까지 일본인을 침략 전쟁에 동원하고 모든 전쟁을 대내외적으로 정당화하는 데 재차 이용되었다.

우치무라 간조의 평화 사상

메이지 정한론과 문명주의 침략 사상이 판을 치는 가운데 전혀 다른 방향으로 근대화를 제시한 인물은 우치무라 간조 (內村鑑三)다. 그는 기독교적인 시각으로 일본 근대 사상을 확립한 메이지 시대 사상가이자 "비뚤어진 근대화 노선 끝에 일본은 망한다"고 예언한 인물이다.

우치무라 간조는 젊어서 삿포로(札幌) 농학교(홋카이도 대학의 전신)에서 받은 과학과 종교 교육을 통해 서양 문명의 진수를 접했다. 그리고 더 나아가 4년간의 미국 유학을 통해 일본이 동서 문화를 융합한 의의를 깊이 통찰했다. 그는 특이하게도 이 시기 후쿠자와 유키치 같은 문명론자와는 달리 서양 문명을 기독교와 함께 수용하면서 탐구했다.

특히 메이지 정부가 추진한 천황 신격화는 유일신을 믿는 우치무라 간조의 입장에서는 용인할 수 없는 문제였다. 이 같은 그의 사상 때문에 천황 신격화를 거부한 '불경사건(不敬事件)'이 일어났다.

1889년, 메이지 정부는 「교육칙어」를 선포했다. 그리고 이를 일본 교육의 기초며 학교의 대본이라고 강조하면서, 천황이 직접 서명한 「진서(辰署)」를 학교에 배포했다. 우치무라 간조가 교사로 재직한 도쿄 제1고등학교에서도 1891년 1월 9일 개학식에 앞서 「교육칙어」 봉독식이 있었다.

봉독에 앞서 「진서」에 머리를 숙이며 진행하는 봉배(奉拜) 의식이 있었는데, 우치무라 간조는 봉배를 거부했다. 유일신을 믿는 그는 「진서」에 경의를 표할 수 있으나 결코 봉배는 할 수 없었다. 결과적으로 그는 메이지 정부가 추진한 천황 신격화 강요를 기독교인의 양심으로 거부했다.

우치무라 간조의 봉배 거부는 큰 문제가 되었다. 도쿄 제1고등학교의 과격한 학생은 물론 일부 국수주의 교사들은 우치무라 간조를 '천황제 국체에 맞지 않는 반역 인물'이라 낙인을 찍고 배척했다. 전국의 신문이 이 내용을 취급했고, 그를 비난하는 목소리가 전국적으로 고조되었다.

이 사건은 기독교가 천황 신격화를 고의적으로 부정한 사

일본의 개신교 사상가 우치무라 간조.

건으로 비쳤다. 그리고 우치무라 간조 개인에 대한 비난은 차차 기독교에 대한 비난으로 확산되었다. 국수주의자, 불교도, 신도(神道) 신봉자는 기독교가 일본의 국체에 맞지 않는 불충불효의 가르쳐 질서를 문란하게 하고 나라를 망친다고 했다.[41]

우치무라 간조는 당시 후쿠자와 유키치를 비롯한 문명 사상가들이 서양 문명화에서 제외한 기독교를 중시했다. 그러면서 "기독교는 서양 문명의 뿌리이자 근본이며, 기독교가 빠진 서양 문명은 영혼이 없는 육신과 같다"고 지적했다.[42]

특히 문명화라는 명분으로 오직 부국강병과 침략 노선을 선도하는 후쿠자와 유키치에 대해서는 "천하가 그의 공로에 현혹되어 그의 해독을 인정하지 않고 있다. '금전(金錢)이 바로 실권'이라는 것이 그의 복음이다. 그로 인해 배금전(拜金錢: 금전을 숭배함)은 부끄럽지 않은 종교가 되었고, 덕의(德義)는 이익의 방편에 불과한 것이 되었다"며 강하게 비판했다.

우치무라 간조도 처음에는 청일 전쟁을 조선의 독립과 문명화를 위해 일본이 취해야 할 의리와 사명으로 옹호했었다. 그러나 전쟁이 끝나고 일본이 조선에 대해 노골적으로 제국주의 침략 행위를 드러내자 곧바로 후회했다. 전쟁 후 그가 친구인 벨에게 다음과 같은 내용의 편지를 보낸 데서도 알 수 있다.

의전(義戰)은 약탈전에 가깝게 변하고, 정의를 외쳤던 예언자(본인)는 지금 지옥 속에 있습니다.[43]

이런 와중에 1895년 10월, 충격적인 명성황후 시해 사건이 발발하자 그는 분노하면서 일본 제국주의의 실상을 '시세의 관찰'이라는 글로 비판했다.

그들은 청일 전쟁을 의전이라고 주창했다. 그리고 나 같은 바보가 그들의 선언을 그대로 받아들여 서툰 영문으로 "청일 전쟁의 의(義)"라는 글까지 써서 세계에 호소했다. 일본의 정치가와 신문기자는 마음속으로 웃고 말하기를 '좋아, 그는 아주 정직한 자다' 하면서 의전이 명분뿐인 것을 공언했다. 전쟁이 끝나고 전승국이 되자 주안점이던 이웃 나라의 독립은 뒷전이 되었다. 그리고 새로운 영토와 시장

확보에만 온 국민의 관심을 집중시켜 오로지 전승 이익 챙기기에 급급하다.[44]

그는 조선의 독립은 명분뿐이고 오로지 일본의 국익 확대가 실제 목적인 청일 전쟁의 본질을 파악하지 못한 자신을 한탄했다. 청일 전쟁 승리를 '일대 쾌거'로 극찬한 후쿠자와 유키치와는 대조적인 모습이다.

우치무라 간조는 천황을 신격화하며 영토 확장을 위한 침략주의 전쟁 수행으로만 치닫는 비뚤어진 일본의 근대화 노선에 대해 평생 비판을 멈추지 않았다. 특히 러일 전쟁 때는 다음과 같이 '전쟁 폐지론'을 펼치며 반전 평화 운동을 전개했다.

나는 러일 개전 반대론자만이 아닌, 전쟁 절대 폐지론자다. 전쟁은 사람을 죽이는 것이다. 사람을 죽이는 것은 큰 죄악이다. 큰 죄악을 범하면 개인도 국가도 영원히 이익을 거둘 수 없다. 세상에는 전쟁 이익을 설득하는 자가 있다. 그렇다. 한때 나도 이러한 우를 범한 사실을 시인한다. 일본은 이 전쟁에서 무슨 이익을 얻었을까? 청일 전쟁 승리 후 그 목적이던 조선의 독립은 약화되고, 오히려 중국 분할의 단서가 되었다. 그리고 일본 국민의 부담은 증가하고,

도덕은 크게 타락해 동양 전체를 위태로운 지경에 빠지게
했다.[45]

전쟁 폐지론은 그가 청일 전쟁 후에야 제국주의 전쟁의
본질을 파악한 체험에서 나온 말이다. 전쟁의 명분이던 조선
의 독립은 오히려 위태로워졌고, 전승국 일본의 도덕은 부
패했기 때문에 전쟁을 반드시 없애야 한다는 일념으로 반전
평화를 주창했다.

독자적인 기독교 사상과 초국가적인 세계관을 바탕에 둔
우치무라 간조의 평화 사상은 김교신(金敎臣)과 함석헌(咸錫
憲)에게까지 영향을 주었다. 함석헌은 우치무라 간조에게 사
상적으로 감화를 받고, 자신의 기독교 사상을 형성해 민족의
독립과 평화 운동을 전개했다. 이것은 일제강점기에 민족의
벽을 넘어선 소통의 모습이었다. 함석헌이 해방 후 다시 일
본을 찾았을 때 우치무라 간조에 대해서 다음과 같이 평가
했다.

우리는 일본에 36년간 종살이를 했다. 그렇다 하더라도
적어도 내게는 우치무라 간조 하나만을 가지고도 바꾸고
남음이 있다고 생각한다.[46]

이러한 함석헌의 평가에서 우치무라 간조의 기독교적인 평화 사상이 한국인에게도 공감·공유되었음을 확인할 수 있다. 이는 우치무라 간조의 사상이 당시 일본인의 편협한 국가주의와는 차원이 다른 보편성을 지녔기 때문이다. 특히 메이지 정한론 이후 본격화된 천황제 국가 노선과 후쿠자와 유키치의 문명론적인 침략 노선을 전면으로 거부하며 맞서 싸웠던 점은 높이 평가할 수 있다.

일본 지식인은 보편성이 결여되었다고 말한다. 그러나 이와는 차별된 우치무라 간조의 사상은 오늘날 일본이 가야 할 방향을 놓고도 시사하는 바가 크다.

아베의 우경화와 부활하는 정한론

전후 존속된 천황제 국가

일본은 제2차 세계대전에서 패한 후 연합국 군정에 지배 당했다. 전쟁이 끝나자 미국 정부는 일본 제국주의 침략의 근원에 천황이 있다고 판단해 천황제 폐지를 검토했다. 그러나 연합군 사령관 맥아더(Douglas MacArthur)는 천황제를 폐지하고 천황에게 전쟁 책임을 추궁할 때 발생하는 일본 국민의 반발과 패닉 상태를 우려했다. 그는 오히려 천황의 지위를 점령 정책에 이용하는 편이 유리하다고 판단했다. 그리고 영국·호주 등 연합국의 강력한 반대에도 천황의 전쟁 책임을 면죄했다. 그리고 1947년, 천황제를 존속시킨 채 '평화 헌법'으로 불리는 일본 헌법을 제정토록 했다. 천황 주권제를 폐지하고 천황의 정치 실권은 박탈했지만, '국민 통합의 상징'으로 천황제를 유지한 것이다. 이는 메이지 정한론 이후 확립된 근대 천황제 국가 일본이 천황명으로 자행한 모든 침략 전쟁과 식민지 지배에 대한 참회와 반성의 기회를 영영 잃어버린 결과를 초래했다.

현재 천황의 위상은 국왕제를 유지하는 영국과 벨기에와는 사뭇 다르다. 메이지 정한론 분출 후 확립된 근대 천황제

맥아더와 쇼와 천황.

국가에서 일본 국민에게 비친 천황의 모습은 최상의 권력 행사를 하는 자였다. 그러나 그보다는 국가 수호신인 대제사의 모습이 더욱 강하다.

1889년, 대일본제국헌법 제정으로 천황은 국가 원수로서 삼권을 포함한 통치권을 행사할 수 있는 행정권을 갖게 되었다. 그러나 실제로 천황이 막강한 권한을 행사한 일은 많지 않았다. 따라서 청일 전쟁, 러일 전쟁, 조선 병합에 이르는 중대사도 실상은 추밀원, 제국의회(帝國議會), 그리고 내각 실권자들이 천황의 절대 권위를 이용해서 감행했다. 또한 제1차 세계대전, 만주사변, 중일 전쟁, 제2차 세계대전도 정치 실권자와 군부가 먼저 도발해서 정황을 만들고 다이쇼(大正)·쇼와(昭和) 천황이 추인하는 식으로 감행했다.

그래서 패전 후 일본 각료들이 맥아더를 찾아가 "전쟁은 일본 군부가 주도했었고 천황은 책임이 없다"면서 천황의 구명과 면죄를 애원했었다. 그러나 국가 중대사의 재가는 천황이 주관하는 이른바 '어전회의'에서 최종 결정되었다. 따라서 천황이 인지하지 못한 침략과 전쟁이란 없다. 통치권 총람자이자 최고 군 통수권자인 천황이 책임을 면할 수는 없는 것이다.

천황이 면죄되면, 천황을 받들고 따랐던 일본 국민만 침략과 전쟁 책임을 통감하기란 더욱 어려워진다. 그러나 안타

깝게도 천황의 면죄는 현실이 되었다. 그러면서 메이지 정한론 이후 강행한 천황 신격화로 천황은 확고부동하게 자리 잡았다.

패전 후 일본 국민에게 줄 충격 여하를 떠나서 침략과 전쟁의 잘못을 깨닫게 하기 위해서라도 연합군은 도쿄 재판에서 쇼와 천황을 단죄해야 했다. 그러나 천황제 폐지는커녕 새로운 모습의 천황이 다시 탄생했다. 중일 전쟁과 진주만 공격으로 시작한 태평양 전쟁은 군부가 주도했고, 원폭 투하 후 연합국에 대한 무조건적인 항복 수락과 '인간선언'은 천황의 용단에 의해 이루어졌다는 새로운 '천황 신화'가 일본 국민 속에 심어진 것이다.

이렇듯 쇼와 천황의 단죄 없이 천황제가 존속되면서 일본은 침략 전쟁의 책임을 확실하게 매듭짓지 않고 넘어갔다. 게다가 천황은 '더 비참해질 수 있었던 일본을 구원했다'는 전후 평화 전도사의 이미지로 부각되었다. 이는 전후 우익 세력의 천황 숭배와 정한론 부활의 씨앗으로 남았다.

바로 이것이 오늘날 아베 정권의 우경화 원인이다. 아베도 재집권 후 아키히토(明仁) 천황이 참여한 헌법 공포 기념 공식 행사장에서 주저 없이 "천황 폐하 만세"를 주창하는 천황 숭배자다.

독도 영유권 주장

일본은 1990년대 후반 이후 심화된 우경화와 역사 교과서 왜곡이 연동하면서 본격적으로 독도 영유권을 주장했다. 특히 2011년 3월, 일본 문부과학성이 교과서 지침서를 통과시킨 이후 지금까지 변함없이 사회·지리 교과서에 "독도(다케시마)는 일본 고유의 영토며, 한국이 불법으로 점거하고 있다"고 명기했다. 또 일본이 독도를 강제로 영토에 편입한 지 100년이 지난 2005년 2월 22일에는 시마네 현 의회가 이른바 '다케시마의 날'을 제정해 수위를 더욱 높였다.

그런데 아베가 2012년 12월 26일 제2차 집권 후 제일 먼저 실시한 것이 있다. 2013년 2월 22일부터 다케시마의 날 행사에 중앙 정부 차관급 인사를 참석시켜 실질 정부 자원 행사로 격상시킨 일이다. 독도에 대한 아베의 영토 의욕을 확실히 드러내는 처사다.

2011년 8월 1일에는 독도의 일본 영유권을 강력히 주장하던 우파 자민당 국회의원 신도 요시타카(新藤義孝), 이나다 도모미(稲田朋美), 사토 마사히사(佐藤正久) 등이 한국의 독도 지배 실태를 살펴보겠다며 울릉도 방문길에 나섰다가 김포공항에서 입국이 거부된 적이 있었다. 아베는 재집권 후 이들을 요직에 발탁했다.

신도 요시타카는 총무상(總務相)으로, 이나다 도모미는 여성 각료로는 처음으로 행정개혁상(行政改革相)으로 임명했다가 다시 당의 핵심 요직인 정조회장(政調會長)으로 임명했다. 신도 요시타카와 이나다 도모미는 야스쿠니(靖國) 신사 참배에도 앞장선 자들이다. 특히 이나다 도모미는 정조회장이 되자마자 종군위안부 강제 동원을 시인한 '고노 담화'를 검토해야 한다고 언급하기도 했다. 이들에 대한 아베의 신임은 각별하다.

오늘날 아베를 포함해 독도 영유권을 강력히 주장하는 자들의 사상적인 배경에는 영토 팽창주의와 정한론이 자리하고 있다. 1905년 당시 독도 침탈을 추진했던 일본 제국주의자들과 사상적인 맥락이 같다.

정한론이 한창이던 1869년, 메이지 정부는 외무성 고관이자 정한론자인 사다 하쿠보를 조선에 파견했다. 그는 독도를 내탐했으나 독도가 조선 영토라는 사실만 재확인했다. 즉 1870년 「일본외교문서」 「조선국교제시말내탐서」에 수록된 엄연한 조선 영토다.

그 외에도 1877년에 "독도는 명백한 조선 영토며, 일본과는 관계없다"고 결정한 일본 내무성과 태정관의 「공문서」가 있다. 1876년, 일본 내무성은 "독도와 울릉도를 시마네 현의 지도와 지적에 포함시켜야 할 것인가"라는 시마네 현의 질의를 받았다. 이후 5개월간 시마네 현이 제출한 부속 문서뿐만 아니라 과거 조선과 왕복한 관계 문서들을 모두 조사했다. 그러고는 다케시마(竹島: 울릉도)와 마쓰시마(松島: 독도)는 조선 영토이며 일본과는 관계없는 곳이라고 결론을 내렸다.

이듬해인 1877년 3월 17일, 이에 대한 상부의 결정을 받기 위해 내무성은 「질품서(質稟書: 질문서)」[47]를 태정관에 제출하고 결과를 요청했다. 태정관은 정식으로 「질품서」를 승인·결정한 뒤 재확인해 내무성에 보냈으며, 1877년 3월 29일에 다음과 같이 결론을 내렸다.

품위(稟議)한 취지(趣旨)의 다케시마 외 일도(外 一島: 독도)의 건에 대해 일본은 무관하다는 사실을 명심할 것[48]

태정관은 이 내용을 넣은 후 1877년 4월 9일에 시마네 현으로 송달·지시해 문제를 결말짓게 했다. 「태정관 지령문(指令文)」은 「조선국교제시말내탐서」와 함께 울릉도와 독도가 조선 영토며 일본 영토가 아니라는 사실을 확실히 증명해주는 일본의 「공문서」다.

이와 관련해서 2006년 9월 연합뉴스는 「태정관 지령문」의 존재와 해석에 대한 공식 질의서를 5개 항목으로 정리해 일본 정부에 보냈다. 그러나 일본 정부는 두 달 후에 다음과 같이 답변했다.

「태정관 지령문」의 존재를 알고 있다. 이 문제는 현재 조
사 중이며 현시점에서 답변할 수 없다.[49]

일본 정부가 국립 공문서관에 보관된 「태정관 지령문」에
대해 이렇게밖에 답변하지 못하는 이유가 있다. 이 문서가
일본의 독도 영유권 주장에 큰 타격을 주기 때문이다.

「태정관 지령문」은 당시 정한론이 국가 이념으로 정착되
는 시기의 메이지 정부조차 울릉도와 독도가 조선 영토이며
일본과는 관계가 없는 곳이라고 최종 승인·결정해 지령한
「공문서」다. 이 「공문서」는 국가 최고 기관의 결정이었기 때
문에 중요성이 더욱 크다. 더구나 내무성뿐만 아니라 시마네
현에까지 "명심할 것"이라는 강한 표현의 명령으로 「지령
문」을 시달해 이론의 여지가 없음을 명백히 밝혔다.

1946년 1월 29일, 연합군 최고 사령부는 일본 주변 지역
을 정치·행정상 일본에서 분리하려는 각서인 「SCAPIN(연
합군 지령문) 제677호」를 일본 정부에 지시했다. 이는 일본 항
복 문서에 영토 반환을 명시하기 위한 결정이었다. 연합군
최고 사령부는 이 「지령문」에서 독도를 일본의 통치권에서
명백하게 제외시켰다. 또한 1946년 1월 29일에 주한 미군정

에 반환·이관했다. 1948년 8월 15일, 대한민국이 수립되자 마침내 독도를 대한민국의 영토로 완전히 반환·이관했다.

그러나 1951년, 제2차 세계대전 당시 연합국이 일본을 평화 국가로 지정하기 위해 체결한 샌프란시스코 대일 강화 조약을 진행하는 과정에서 문제가 발생했다. 제5차 초안까지도 독도는 한국 땅으로 명시되었다. 그러나 일본의 집요한 로비를 받은 미 국무부 주일 정치고문이자 연합군 최고사령부 외교국장 시볼드(William Joseph Sebald)가 일본의 입장을 전적으로 반영해 미 국무부에 보고했다. 이후 1949년 12월 29일, 제6차 초안에서는 독도가 일본 땅으로 바꾸어 기재되었다. 그리고 최종안에는 독도의 소유권 명시 자체가 빠진 내용으로 매듭지어졌다. 일본 정부는 이를 자의적으로 해석하고 있다.

1951년 1월 18일에는 대한민국 이승만 정부가 독도 영유권을 명시한 '해양선 주권 선언'을 발표했다. 그러자 일본은 열흘 뒤인 1월 28일에 독도가 일본 영토라고 주장했다. 그러면서 오늘날까지 해마다 한국 정부에 항의하고 있다.

일본이 독도를 자국 영토로 주장하는 가장 큰 근거는 1905년까지 독도가 주인이 없는 무주지였기 때문이다. 즉 '무주지선점(無主地先占)'이라는 국제법을 적용해서 독도를 일본 영토로 편입했다는 주장이다. 그러나 한국과 일본의 고

지도를 포함한 여러 문서 자료와 메이지 정부 공문서인 「태정관 지령문」을 보면, 일본 정부는 역사적으로 독도가 한국 영토라는 사실을 인정하고 있다. 특히 「태정관 지령문」에 대해서는 공문서관에 보관된 것을 확인했음에도 일본 정부는 해석에 대한 답변을 피하고 있다.

1905년 2월 22일에 일본이 독도를 자국 영토로 편입한 이유는 독도가 무주지였기 때문이 아니다. 일본은 독도가 한국 영토임을 알고 있었다. 그럼에도 각의 결정으로 망루를 설치하는 등 러일 전쟁에서 전략적으로 이용하기 위해, 그리고 조선 병합의 전초 행위로 독도를 편입한 것이다.

일본은 국제 여론과 한국 국민의 반발을 의식해 중앙 정부도 아닌 '시마네 현청 게시판 고시'라는 음성적인 방법으로 공고했다. 그러므로 아베 정부가 "독도를 한국이 불법으로 점령했다"는 주장은 역사적인 사실을 무시한 억지다.

종군위안부 사실 왜곡

아베는 집권 이후 국회에서 위안부에 대해 원색적인 역사 왜곡 발언을 서슴지 않고 있다. 그는 중의원 예산 위원회 이후 기자 회견을 열고 "군이 직접 나서서 위안부를 모집했다는 증거는 없다"고 했다. 덧붙여 "요즈음 국제 사회에 제2차 세계대전 당시 일본이 직접 성 노예를 운영했다는 터무니없는 낭설이 퍼지고 있다"고 언급했다. 특히 「산케이 신문」과의 인터뷰에서 "사실에 근거하지 않는 고 요시다 세이지(吉田淸治)의 증언[50]이 해외에 선전되어 일본의 명예가 땅에 떨어졌다. 위안부 문제로 실추된 일본의 명예를 회복해야 한다"고 발언했다.

당시 고노 요헤이 관방장관이 발표한 담화는 일본 정부와 우익이 거짓말로 몰아간 요시다의 증언 때문에 위안부 강제 동원을 사죄하려고 발표한 것은 아니다. 일본 정부가 고노 담화를 발표할 수밖에 없었던 발단은 다른 데 있다.

1991년 8월 11일, 아사히 신문사 기자이자 서울 특파원인 우에무라 다카시(植村隆氏)가 고 김학순 할머니의 증언을 근거로 일본군 위안부 문제를 특종 보도하면서 종군위안부 문제가 공론화되었다. 1993년에는 일본 정부가 한국인 위안부 피해자 할머니들의 증언(당시 일본 정부가 조사한 김학순을 비롯한 위안부 할머니 16명은 전원 사망)과 일본군·조선총독부 관계자·위안소 경영자를 조사했으며, 여러 재판 기록과 일본의 관·공문서에서 위안부 강제 동원이 입증되었다. 이후 아시아 각지와 네덜란드에서도 피해 여성들이 차례로 가혹한 체험을 증언하기 시작했다. 고노 담화는 이런 증언과 자료를 통해 과거사를 반성하고자 발표한 담화다.

아베 총리는 자민당 총재 선거 때인 2012년 9월에도 고노 담화를 대신할 새로운 담화가 필요하다고 주장했다. 그러나 일본 안팎의 거센 비판을 받고 "지난 정부의 기본 입장과 같다"는 식으로 무마해야 했다. 그러면서도 계승한다는 점을 분명하게 밝히지 않았다. 내각에서는 간간이 강제성을 부인하는 발언이 나오기도 했다. 이 때문에 위안부 강제 동원을 다시 부정할 수도 있다는 의심을 받아왔다.

일본의 우경화 속에 위안부 문제가 다시 격렬해지자 일본 우익 세력은 우에무라를 반일 기자로 몰고 집요하게 공격했다. 특히 「아사히 신문」이 위안부 관련 기사를 일부 취소한 이후에는 그를 '나라의 적'으로 규정하고 집단 괴롭힘을 일삼았다.

미국 하원도 2007년 7월에 "젊은 여성들을 위안부라 불리는 성 노예에 동원한 사실을 공식적으로 인정하고 사죄해 역사적인 책임을 취할 것"을 일본 정부에 청구하는 결의안을 채택했다. 이어서 네덜란드 하원, 캐나다 하원, 유럽연합 의회, 필리핀 하원, UN 자유권 규약 위원회, 한국 국회에서도 같은 내용의 결의를 했다. 또 2012년 8월 우리나라 헌법 재판소는 "정부가 일본군 위안부의 배상 청구권 해결을 위해 노력하지 않는 것은 피해자에 대한 기본권을 침해하는 위헌 행위"라는 획기적인 판결도 내렸다.

2014년, 미국 하원의 일본군 위안부 결의안을 주도한 팔레오마바에가(Eni Faleomavaega) 의원은 의원 생활 26년을 마감하는 마지막 성명에서 "과거를 기억할 수 없는 자는 과거를 반복한다"는 쓴소리를 남겼다. 또 「뉴욕 타임스」도 '일본의 역사 세탁'이란 사설을 통해 "아베 정부는 전시 역사를 세탁하려는 노력에 영합하는 불장난을 하고 있다. 일본 내 연구진이 광범위한 피해 여성들의 증언을 기초로 일본군이 위안부를 통해 아시아 전선 전역에 걸쳐 여성들에게 성폭력을 가한 사실을 확인했다"는 사실 관계를 지적했다.

평소 일본의 역사 왜곡을 강하게 거부했던 로이스(Edward Randall Royce) 미국 하원 외교위원장도 위안부 문제에 대해서는 "위안부 동원이 강압에 의해 이뤄졌으며, 위안부들이 성노예의 삶을 살았다는 역사적인 기록은 매우 분명하다. 역사를 인정하지 않는 일본은 변명의 여지가 없다"고 비판했다. 그는 "성 노예로 죽어간 위안부 여성이 실제로 많이 있는데도 이를 부정하는 건 제2차 세계대전 때 홀로코스트도 없었다고 하는 것만큼이나 두렵다"고 지적했다.

또 2015년 일본 외무성이 미국 역사 교과서의 종군위안부 기술을 놓고 출판사에 압력을 가했다. 그러자 미국역사협회(AHA, American Historical Association) 역사학자 19명이 공동성명으로 "일본 정부가 최근 위안부 문제와 관련해 일본과 다른 나라의 역사 교과서 기술을 억압하려는 시도에 경악을 금치 못한다"고 한목소리를 냈다. 이름을 올린 자 중에는 코네티컷 대학교, 프린스턴 대학교, 컬럼비아 대학교 교수와 유명학자까지 포함되었다. 이들은 "일본인 학자의 기존 연구와 생존해 있는 위안부 할머니들의 증언을 통해서 종군위안부는 성 노예라는 본질을 입증했다"며 아베 정부의 종군위안부 역사 부정에 대해 강력히 비판했다. 또한 일본의 양심적인 학자 281명도 아베의 종군위안부 등 과거 역사적인 사실 부정을 규탄하고 반성과 사죄를 촉구했다.

현재 한국인 위안부 피해자만 47명이 생존해 있다. 한국인 생존자를 포함한 다른 국가의 피해자를 추가로 조사하면 위안부 동원과 관리의 강제성을 입증하는 강력한 근거는 더 나올 것이다.

중국 지린(吉林) 성 당안관(기록 보관소)은 2014년 1월 일본군이 자체 예산으로 직접 위안부를 '소집'했다는 사실을 입증하는 자료 32건을 공개했고, 4월에는 25건을 추가로 공포했다. 중국 정부는 위안부 자료를 유네스코 세계기록 유산에 등재하려고 추진하는 등 위안부 문제에 적극적이다. 또한 상당한 분량의 자료를 추가로 공개할 예정이다. 이런 자료는 일본 정부에 큰 부담이 될 것이 확실하다.

지금까지 밝혀진 여러 증언을 통해서 일제가 당시 10대소녀들을 군수 공장에 취직시켜준다고 속여 성 노예로 유린한 사실은 이제 전 세계가 아는 내용이다. 강제 동원 여부도 중요하지만, 위안부 문제의 본질은 위안소 안에서 행한 노예 같은 인권 유린 실태다. 언제까지 아베는 위안부 강제 동원을 부정하려고 하는가. 일본이 한일 정상 회담과 연계한 이 문제를 외면하는 한 한일 관계는 절대로 풀리지 않는다.

야스쿠니 신사 참배와 평화 헌법 개정 추진

아베는 재집권한 지 1년이 된 2013년 12월 26일, 그의 외할아버지 기시 노부스케(岸信介) 전 수상을 비롯해 제2차 세계대전 A급 전범이 합사된 야스쿠니 신사를 직접 참배했다.

야스쿠니 신사는 원래 메이지 천황의 지시로 막부군과 마지막 보신(戊辰) 전쟁에서 사망한 메이지 정부군 3,588명을 위령·현창하는 것을 목적으로 1869년에 세워졌다. 1879년에 야스쿠니 신사로 개명했고 1869~1945년까지 육·해군상이 관리했다.

야스쿠니 신사는 '나라를 편안하게 한다'는 뜻을 가진 호국 신사이자 황국 신사다. 제2차 세계대전 당시에는 전쟁에서 사망한 자들의 영령을 위해 제사하고, 천황이 참배하는 특별대우를 해주기도 했다. 그러면서 전쟁 때마다 국민에게 천황 숭배와 군국주의를 고무·침투시키는 데 절대적인 구실을 했다.

일본은 천황을 위해 죽은 자들을 생전의 잘잘못에 상관없이 신으로 추앙했다. 그러면서 국민이 이들을 참배하도록 유도했다. 당시 전쟁에 참여한 일본의 젊은이들은 "야스쿠니에서 만나자"고 약속하고 전쟁터로 떠났다고 한다. 그만큼 모든 가치의 기준을 천황에 대한 충성 여부에 두었다.

야스쿠니 신사의 제신(祭神) 원리는 국민의 도덕관을 혼란스럽게 했다. 천황을 위한 죽음은 대부분 명분 없는 침략 전쟁에서 당한 죽음이었다. 일본 군국주의는 이를 정당화할 근거로 신화를 조작해 야스쿠니 신사를 탄생시킨 것이다.

야스쿠니의 합사자 수는 약 246만 명이다. 이 가운데 16만 명은 청일 전쟁, 러일 전쟁, 제1차 세계대전에서 사망한 사람이다. 나머지 230만 명은 중일 전쟁과 제2차 세계대전에서 전사한 사람이다. 조선 침략과 직접 관련된 자도 205명이나 있다.

또한 연합군 합동 군사 재판에서 유죄로 판결받은 A급 전범자 14명도 합사되었다. 침략 전쟁의 원흉을 영광의 전쟁으로 미화시켜 전사자들을 천황과 일본 제국을 위한 귀중한 희생으로 받들어 모시고 있다. 이 자체도 벌써 평화 헌법 위반이다. 그런데도 아베는 A급 전범자를 포함한 합사자에게 "나라를 위해 목숨을 바친 이들의 애국심에 경의를 표하며,

다시는 전쟁을 하지 않겠다고 다짐하기 위해 참배한다"는 기만적인 발언으로 행위를 정당화하고 있다. 만약 침략 전쟁을 반성했다면 참배하지 못했을 것이다. 아베가 야스쿠니 신사를 참배한 배경에는 일본 제국주의가 감행한 모든 전쟁에 대한 긍정적인 인식과 A급 전범으로 합사된 기시 노부스케에 대한 존경심이 깔려 있다.

아베는 2006년 제1차 집권 때부터 평화 헌법 개정을 주창했다. 그리고 재집권하자 다시 정치 생명을 걸고 헌법 개정을 강력히 추진했다. 미국에 강요당한 평화 헌법을 자주 헌법으로 개정하고, 자위대를 '집단 자위권을 행사할 수 있는 강한 군대'로 만들자는 것이다.

제2차 세계대전에서 일본이 패한 후 일본에서는 연합국에 의해 전쟁을 영구히 포기하는 평화 헌법이 제정되었다. 평화 헌법으로 일본은 군대가 해산되고 전쟁을 할 수 없는 나라가 되었다. 그러나 1950년에 한국 전쟁이 발발하자 상황이 바뀌었다. 소련·중공 등 공산 진영의 일본 침공을 우려한 미국은 치안을 목적으로 일본에 최소한의 경찰 예비대를 창설하게 했다. 이 경찰 예비대가 4년 뒤인 1954년에 자위대로 바뀌었다.

이후 일본은 점차 자위대의 규모를 확대했다. 자위대의 군사력은 현재 해상 자위대 5위, 항공 자위대 8위, 육상 자위대 19위 규모다. 또한 국방 예산은 연간 58조 7,000억 원(2014년 기준)으로 세계 5위다. 이는 전시 국가인 한국보다 훨씬 높은 수준이다. 따라서 이미 자위대는 실질적인 군대로 볼 수 있다.

아베 정권은 자위대를 집단 자위권을 행사할 수 있도록 추진했다. 그러나 헌법을 개정하려면 '헌법 96조'에 의해 국회의원 3분의 2의 찬성과 국민 투표를 통한 과반수의 찬성이 있어야 가능하다. 아베는 이 과정이 어렵다고 판단했다. 그리고 2014년 7월 1일, 평화 헌법의 근간을 흔드는 '헌법 해석 변경'이라는 변법(變法)으로 각의 결정을 단행해 집단 자위권 행사를 가능하게 했다. "동맹국인 미국이 공격받을 때 일본이 아무것도 할 수 없다면 절름발이 국가"라는 이유 때문이었다.

그러나 지금까지 아베를 지지해온 일본 국민도 헌법 해석 변경에 대해서는 반대가 만만치 않다. 제2차 세계대전 때 수많은 사람의 목숨이 희생되었고, 원자폭탄의 상처와 패전이라는 쓰라린 경험도 지워지지 않았기 때문이다. 그나마 패전 후 호전성을 가진 일본이 평화를 지킬 수 있었던 배경은 바로 평화 헌법 덕분이다. 오죽하면 평화 헌법이 노벨 평화상 후보로까지 거론되었겠는가. 문제는 자위권 행사가 무제한으로 허용될 경우 무력을 사용하는 새로운 군사 대국이 탄생될 수 있다는 사실이다.

평화 헌법은 미국의 일방적인 강요가 아니다. 전후 일본을 침략 국가가 아닌 평화 국가로 만들려는 맥아더 연합군 사령부의 강한 의지와 이에 따랐던 일본 평화주의자가 만든 헌법이다. 그러나 아베는 여론 조사에서 국민의 과반수가 이에 반대하고 있는데도 아랑곳없다. 오히려 국민을 설득하고 계몽하려든다.

이와 같이 아베가 대다수 일본 국민의 반대를 무릅쓰고 집단 자위권을 추진하려는 이유는 무엇일까? 왜 그릇된 역사관으로 망언을 일삼을까? 그 배경과 아베의 본질 사상을 알아봐야 한다.

아베의 고조할아버지 오시마 요시마사(大島義昌)는 1894년 청일 전쟁 직전에 경복궁을 불법으로 점령한 일본군 사령관이다. 게다가 그의 외조부 기시 노부스케는 앞에서 언급한 대로 제2차 세계대전 때 전쟁을 주도한 A급 전범이자 전후 일본 우익 보수 정치의 대부로 알려진 인물이다. 이같이 뿌리 깊은 침략적인 우경화 집안이다.

또한 아베가 외조부 기시 노부스케와 더불어 제일 존경하는 인물로 거론하며, 고향에 가면 그의 묘소까지 참배하는 자가 바로 요시다 쇼인이다. 앞에서도 언급했지만, 요시다 쇼인은 도쿠가와 막부 말기에 아베의 고향이자 선거구인 조

아베의 고조할아버지 오시마 요시마사(왼쪽)와 외할아버지 기시 노부스케(오른쪽).

슈 번의 하기에서 사숙을 열어 천황 숭배와 정한론을 설파했다. 조슈 번은 근대 메이지 유신이 태동한 곳이자 정한론의 발생지다. 또 오늘날 아베가 이끄는 우익 세력의 본거지이기도 하다.

요시다 쇼인의 제자인 기도 다카요시는 강화도 조약 도발과 체결에 주도적인 역할을 했다. 1889년 대일본제국헌법 제정 이후 첫 제국의회의 총리대신이던 야마가타 아리토모는 일본 주권을 지키기 위해 "이익선(利益線)으로서 조선 확보" 발언을 했다. 이노우에 가오루는 주한 공사를 역임하며 명성황후 시해 사건을 지휘했고, 이토 히로부미는 을사조약을 체결해 조선의 외교·재정권을 박탈했다.

이들은 스승인 요시다 쇼인의 가르침인 정한론을 실제 정한으로 실천한 인물이다. 특히 이토 히로부미는 을사조약 체결 직후 도쿄 아오야마의 국가 유공자 묘역에 있는 요시다 쇼인의 묘지에 참배했다.

이렇듯 아베가 존경하는 고향 인물인 요시다 쇼인은 정한론에서 최초로 일본의 대동아공영론을 펼친 사람이다. 그는 일본이 서양 열강인 미국·영국과 같은 부강한 나라가 되려면 한국과 중국, 그리고 필리핀까지도 지배해야 한다고 주장했다. 따라서 아베가 존경하는 요시다 쇼인의 사상을 보면 아베 정권의 향후 방향을 짐작할 수 있다.

아베는 독도 영토 도발, 종군위안부 등 과거사 부정에 한 치도 물러나지 않고 있다. 또한 아베 주변에는 제2차 세계대전 전범과 관련이 있거나 과거 일본 제국주의 동참자의 후손과 이에 대한 자부심을 가진 자들이 정권의 핵심 보직을 맡고 있다. 이들은 집단 자위권 행사 같이 전후 체제를 탈피하려는 정책을 추진하고 있다.

이제 일본은 집단 자위권 행사가 가능해졌기 때문에 동북아시아의 긴장이 더욱 높아지고 있다. 일본 내에서는 중국에 밀려 아시아의 맹주 역할을 빼앗기고 자책에 빠졌기에, 과거의 영광을 되찾으려는 움직임이 점점 커지고 있다. 아베 정권의 역사 인식과 기본 사상이 근본적으로 달라지지 않는

한 밝은 한일 관계 구현은 요원하다고 봐야 한다.

우경화와 반한적 사회 현상

최근 일본에서 한류 열풍이 일어나자 이에 반발하는 시각이 생겨났다. 한류를 깎아내리려는 언론 보도가 눈에 띄게 많아졌으며, 한류 열풍 속에서 일어난 행위에 의문을 갖거나 비판하고 있다. 일본 매스컴은 2004년부터 본격적으로 불어닥친 한류를 돈벌이로 이용하기도 했지만, '혐한류'도 우경화라는 바람을 타고 상업적으로 크게 성행하고 있다. '혐한'을 내건 넷 우익(인터넷 우익 세력)들은 한국을 싫어하고 무시해야 애국이라 생각하는 부류다.

넷 우익은 태평양 전쟁을 "서구 열강에 맞서 아시아인을 해방시키기 위한 성전(聖戰)"이라 주장하며, 아시아인은 태평양 전쟁 때문에 자주권을 지킬 수 있었다고 해석한다. 그리고 일본이 패전하자 반일 정권이 들어선 특아(特亞: 특정 아시아) 삼국인 한국·북한·중국과 승전국이 정치적인 목적으로 일본의 행적을 부정적으로 날조했다고 주장했다. 일본의 사회당과 일교조(日敎組: 일본 교직원 조합) 같은 기득권 단체가 이에 동조하면서 일본인이 자국을 침략국 또는 전범국으로 인식하는 자학사관을 갖게 되었다고 보았다. 이는 '새 역사를 만드는 모임'의 왜곡된 역사관과 일치한다.

또한 몇 년 전부터 일본에서 이슈화·문제화되고 있는 '재특회(在特會: 재일 특권을 허용하지 않는 시민 모임)'란 단체가 등장했다. 이 단체는 2007년 1월 20일에 사쿠라이 마코토(櫻井誠)가 초대 회장을 맡았다. 일본에 우익 단체는 셀 수 없이 많다. 그러나 사쿠라이 마코토가 논란이 된 이유는 넷 우익이었다가 오프라인으로 뛰쳐나온 인물이기 때문이다.

재특회는 극단주의 성향이 있는 일본의 대표적인 극우 단체며 증오 단체다. 혐한 활동을 열심히 한다는 이유로 넷 우익들이 애국 단체로 선망하기도 했다. 이들은 재일 한국인을 특권 집단으로 몰고 배척하며 점차 범위를 넓히고 있다. 특히 재특회는 재일 한국인이 다음과 같은 특권을 누리며 일본 사회와 일본인에게 큰 피해를 주고 있다고 주장한다.

- 다른 외국인과는 달리 일본에서 영주할 수 있는 특권
- 생활 보호를 일본인 이상으로 우대받는 특권
- 일본식 통명(通名)을 사용할 수 있는 특권

따라서 출입국 관리 특례법을 폐지해서 재일 한국인의 특권을 모두 박탈하자고 주장한다.

여기서 영주권 특권 주장은 역사성을 완전히 무시하는 발

언이다. 재일 한국인이 일제 강점기 때 강제 징용으로 일본에 끌려온 조선인과 그들의 후손이기 때문이다. 또한 생활보호 우대는 사실 왜곡이다. 일본식 통명 사용은 일본 사회의 차별 속에서 살아남기 위한 방편으로 사용한 것이다.

재일 한국인이 일본의 침략 역사 속에서 탄생했다는 사실과 폐쇄적인 일본 사회에서 고생하며 사는 재일 한국인의 생활상을 제대로 인식한다면, 재특회가 이런 터무니없는 주장은 하지 않을 것이다. 그들은 역사적인 사실을 외면한 채 재일 한국인과 한국·중국을 노골적으로 폄하하는 발언을 일삼고 있다. 또한 "쿠릴 열도와 센카쿠 열도는 아무래도 좋으니, 일본 정부는 독도 문제에나 집중해라" "쇄국정책으로 한국과 중국을 고립시키고 한일 국교 단절을 실현하자"는 어처구니없는 주장을 해 같은 우익 성향의 인물들로부터 비판을 받기도 했다.

아베 정권이 들어선 이후 혐한·반한 시위는 날로 늘어나고 있다. 그리고 시위를 주도하는 단체는 우경화로 치닫는 아베 정권의 중요한 기반 세력 중 하나로 자리 잡고 있다. 역으로 보면, 노골적인 혐한 발언이 터져나오는 상황에서 아베 정권이 만들어졌다고 볼 수 있다. 아베의 우경화는 그 자체로 혐한 단체에 크게 보답하는 행보며, 혐한 단체의 의견에 정당성을 부여하는 것이 되기도 한다.

특히 아베 정권을 응원하는 일부 언론이 혐한 단체의 의견을 적극적으로 실어주면서 과거에는 소수의 의견으로 치부되던 것이 이제는 어엿한 사회적인 의견으로 둔갑되고 있다. 그러면서 그들을 단순한 과격 우익이 아닌 오피니언 리더로 평가하고 있다. 얼마 전까지 한류 붐에 편승했던 일본 매체도 이제는 더 이상 한국에 대해 호의적이지 않다. 문제는 한국인을 비하하는 기사가 과거에는 일부 인터넷 매체나 잡지에만 실렸지만, 이제는 언론계 전반에 확산되고 있다는 점이다. 지금 정한론을 이은 아베 정권의 역사 인식 대전환이 시급한 이유다.

나가며

앞서 정한론의 사상적 배경과 본질, 그리고 오늘날 일본에서 살아 숨 쉬는 실상에 대해 살펴보았다.

근대 일본 침략 사상의 기점이 된 메이지 정한론은 갑자기 나타난 것이 아니다. 정한론의 원형은 『일본서기』에 기록된 진구 황후의 삼한 정벌설로 거슬러 올라간다. 삼한 정벌설은 천황을 중심으로 한 신국 사상과 조선 멸시론을 유발했다. 그래서 왜곡된 사관과 침략성을 가진 학자나 역대 집권자들에 의해 끊임없이 인용되어 침략 사상의 정착과 계승에 크게 기여했다. 여기에 심각한 문제점이 있다.

근대 일본은 한국과 불평등한 강화도 조약을 체결한 이후 조선 병합에 이르기까지 변함없이 정한론에 입각한 대한 정책을 수행했다. 이와 연계해 일본 국민의 사상을 무장시킬 목적으로 삼한 정벌설을 사실로 둔갑시키고 학교에서 철저하게 교육시켰다.

근대 이후 일본의 우익 세력이 한국을 멸시하고 과거 침략을 정당화하려는 인식은 메이지 정한론 이후 의도적인 교육의 결과였다고 볼 수 있다. 여기에 후쿠자와 유키치가 탈아론을 주창하며 천황 국체론을 근간으로 한 문명주의 침략 사상을 선도했다. 이것이 도쿠토미 소호의 팽창론과 함께 정한론과 융합되어 더욱 확산되었다. 이런 사상의 흐름이 아베의 우경화에까지 영향을 주고 있다.

일본은 침략 사상의 계보를 객관적으로 인식하고 역사 왜곡을 멈추어야 한다. 특히 정한론의 뿌리인 삼한 정벌설을 불식시키는 역사관을 정립해야 한다. 그렇지 않으면 일본은 한국과 중국을 비롯한 아시아 국가들 속에서 완전 고아가 될 것이다.

아무리 경제 교류가 활발하고 중요해도 역사 인식을 함께 할 수 없다면 아시아 공동체 형성이란 불가능하다. 독일은 EU 회원이 되기에 앞서서 이웃 나라인 프랑스·폴란드 등과 함께 나치 만행을 영구 범죄로 규정했다. 그리고 공통 역사 교과서를 만드는 데 성공했다. 일본은 독일을 반면교사로 삼아한다.

일본이 한국을 비롯한 아시아 국가와 온전한 공존 관계가 되려면, 스스로 정한론의 실체를 확실히 알고 과거 침략 역사를 진심으로 반성하는 자세를 가져야 한다. 그리고 역사를 왜곡하고 정한론으로 회귀하려는 아베의 국가주의와 우경화는 근본적으로 전환되어야 한다. 그러려면 우리도 일본의 양심적인 지식인, 시민 단체와 하나가 되어야 한다. 또한 일본은 한국과 일본의 국민이 소통하는 가운데 국가주의의 벽을 넘어 아시아와 공생의 길을 가도록 변화를 시도해야 할 것이다.

주

1) 『日本書紀』第9卷, 神功皇后·仲哀天皇 9年 9·10月, 井上光貞
   編, 『日本の名著』1, 中央公論社, 1983, p.196.

2) 津田左右吉, 『日本上代史研究』, 岩波書店, 1930; 池內宏, 『日本
   上代史の一研究－日鮮の交涉と日本書記』, 近藤書店, 1947; 三
   品彰英, 『日本書記朝鮮關係記事考證』, 吉川弘文館, 1963.

3) 『八幡愚童訓』(甲), 『日本思想大系』第20卷, 『寺社緣起』, 岩波書
   店, 1975, pp.170-176.

4) 塚本明, 「神功皇后傳說と近世日本の朝鮮觀」, 『史林』第79卷 第
   6號, 1996, pp.6-7.

5) 北島万治, 「秀吉の朝鮮侵略における神國意識」, 『歷史評論』第
   438卷, 1986, p.28

6) 야마지키 안사이는 교토에서 태어나 15세경에 묘신(妙心) 사에
   들어가 선승이 되었다. 그러나 25세 때 승복을 벗고 유학으로 전
   환했다. 그는 『자성록』을 읽고 일본에 인륜 지도를 밝힌 자가 없었
   음을 개탄하고, 이황을 "주자의 지우고제(知遇高弟)와 다름없다"
   고 평가했다. 阿部吉雄, 『日本朱子學と朝鮮』, 東京大學出版會,
   1965, pp.239-242.

7) 같은 책, pp.466-472.

8) 『山鹿素行全集』, 思想篇, 第13卷, p.22.

9) 『新井白石全集』第3卷, p.635.

10) 矢澤康祐, 「江戶時代における日本人の朝鮮觀」, 『朝鮮史研究會
    論文集』第6號, 朝鮮史研究會, 1969, p.22.

11) 中井竹山, 『草芽危言』第4卷, 1789; 瀧本誠一 編, 『日本經濟叢
    書』第16卷, 1915, p.370.

12) 林子平, 『海國兵談自就』, 學藏會 編, 『林子平全集』第1卷, 生活
    社, 1943, p.388.

13) 林子平, 『海國兵談』第16卷, 學藏會 編, 『林子平全集』第2卷, 生
    活社, 1943, p.349.

14) 吉田松陰, 『講孟余話』, 山口縣教育會 編, 『吉田松陰全集』第3卷, 大和書房, 1974, p.387.

15) 吉田松陰, 『幽囚錄』, 『吉田松陰全集』第3卷, p.387.

16) 같은 책, pp.350-351.

17) 日本史籍協會 編, 『木戸孝允日記』, 1933.

18) 日本外務省調査部 編, 『日本外交書』第3卷, 事項 6, 文書番號 87, 1870年 4月 15日字, 「外務省出仕佐田白茅等ノ朝鮮國交際 始末內探書」, 『朝鮮國交際始末內探書』, p.137.

19) 1875년(메이지 8) 3월, 忠芬義芳樓藏版 『征韓評論』이라는 책이 출판되었다. 吉野作造 編, 『明治文化全集』第22卷, 雜史 篇, 所 收, 日本評論社, 1929, p.26.

20) 佐田白茅 編, 『征韓評論』, 忠芬義芳樓藏版, 1875, pp.1-4; 吉野作 造 編, 『明治文化全集』第22卷, 雜史編, 所收, 日本評論社, 1929, p.26.

21) 같은 책, p.29.

22) 같은 책, pp.27-28.

23) 같은 책, p.27.

24) 에도 시대 일부 조선 멸시론자를 제외하면 막부를 비롯한 정통 주 자학 지식인들은 도요토미 히데요시의 조선 침략을 명분 없는 전 쟁이라고 악평했다. 가이바라 에키켄(貝原益軒) 등은 "다이코정 한(太閤征韓)의 역(役: 전쟁)은 탐교분(貪驕忿) 삼병(三兵)을 합 친 것"이라고 혹평했다. 姜在彦, 「文祿慶長の役と朝鮮通信使」, 『歷史の中の日本と朝鮮』, 講談社, 1981, p.179.

25) 佐田白茅 編, 『征韓評論』, 앞의 책, pp.28-29.

26) 메이지 유신 이후 메이지 정부의 중앙집권적인 권력 통일과 개화 정책에서 소외된 과거 봉건 사족의 불안이 고조 가운데 그들의 주 된 요구는 정한을 즉시 단행할 것과 무사 특권을 회복하는 것이 었다. 그리고 궁극적으로는 사족 독재 권력을 내세운 국권 신장 에 있었다. 橋川文三 編, 『近代日本思想史の基礎知識』, 有斐閣, 1971, p.8.

27) 福澤諭吉, 『西洋事情』初篇・外篇・第2篇, 1872~1876; 『福澤全集』第1卷, 國民圖書株式會社, 1926.

28) 이 책은 1872년부터 1876년까지 출판되었다. 제1편은 20만 부, 전 17편 합쳐 340만 부가 판매된 것으로 추산된다. 福澤諭吉, 『學問のすすめ』全17篇, 『福澤全集』第3卷, pp.17-147.

29) 福澤諭吉, 『文明論之槪略』, 『福澤全集』第4卷, 1875, pp.1-262.

30) 福澤諭吉, 『尊皇論』, 『福澤全集』第6卷, 1888, p.254.

31) 福澤諭吉, 『朝鮮との交際を論ず』, 『福澤全集』第8卷, 1882年 3月 15日, pp.411-415.

32) 福澤諭吉, 『朝鮮政略』, 앞의 책, 1882年 8月 2日~4日, p.36.

33) 福澤諭吉, 『脫亞論』, 『續福澤全集』第2卷, 1885年 3月 16日, pp.40-42.

34) 福澤諭吉, 『福翁自傳』, 『續福澤全集』第7卷, pp.617-618.

35) 福澤諭吉, 『朝鮮問題』, 『福澤全集』第8卷, 1895年 6月 14日, pp.589-595.

36) 도쿠토미 소호, 메이지 시대에서 쇼와 시대에 걸친 언론인·역사가·평론가.

37) 德富蘇峰, 「好機」, 『大日本膨脹論』, 『德富蘇峰集』, 『明治文學全集』第34卷, 東京, 筑摩書房, 1974, pp.250-254.

38) 德富蘇峰, 「征淸の眞意義」, 『大日本膨脹論』, 앞의 책, p.271.

39) 德富蘇峰, 「日本國民の膨脹性」, 『大日本膨脹論』, 앞의 책, p.248.

40) 德富蘇峰, 「戰爭と國民」, 『大日本膨脹論』, 앞의 책, pp.254-255.

41) 關根正雄, 『內村鑑三』, 清水書院, 1973, p.66.

42) 內村鑑三, 「日本國の大困難」1903年 3月; 『聖書の研究』, 『內村鑑三信仰著作全集』第24卷, 東京, 敎文館, pp.184-192.

43) 山本泰次郎 譯補, 『內村鑑三, DC Belに送った自舒傳的書翰』第27信, 1895年 5月 22日, 新敎出版社, 1949, pp.151-152.

44) 內村鑑三, 「時勢の觀察」1896年 8月, 『國民之友』, 『全集』第24卷, pp.63-66.

45) 內村鑑三, 「戰爭發止論」, 『萬朝報』, 『全集』第21卷, 1903年 6月, p.27.

46) 함석헌, 「하나님의 발길에 채여서」1, 『함석헌전집』제4권, 한길사,

1983, p.217.

47)「日本海內竹島外一島地籍編纂方伺」,『公文書』, 內務省之部 1,
1877年 3月 17日.

48)「御指令按伺之趣竹島外一嶋之儀本邦關係無之儀卜可相心得
事, 明治 十年 三月 二十九日」, 日本『公文錄』, 太政官 指令文書,
1877年 3月 20日 條.

49) 日 정부, '독도 시마네 현 편입' 허구성 사실상 자인, 연합뉴스
(2006. 11. 20). 박병섭·나이토 세이추 지음,『독도＝다케시마 논
쟁』, 보고사, 2008, p.255.

50) 요시다 세이지는『나의 전쟁 범죄(私の戦争犯罪)』(1983)라는 책
에서 "내가 제2차 세계대전 때 제주도에서 여성을 강제로 끌고 왔
다"고 증언했다(사실 일부 과장된 내용이 있음). 이 증언을「아사
히 신문」이 보도해 파문이 일었고, 결국 우익 세력의 압력에 못 이
겨 오보를 인정했다. 아베는 신문사의 오보 인정에 힘을 얻어 위안
부 관련 증언 모두를 위증으로 몰고 고노 담화 재검토를 시사했다.

참고문헌

박병섭·나이토 세이추,『독도=다케시마 논쟁』, 보고사, 2008.

함석헌, 「하나님의 발길에 채여서」 1,『함석헌전집』제4권, 한길사, 1983.

內村鑑三,『內村鑑三信仰著作全集』, 第21卷, 第24卷, 敎文館, 1965.

福澤諭吉,『明治文學全集』第34卷,『德富蘇峰』, 筑摩書房, 1974.

_____,『福澤全集』第1卷, 第3卷, 第4卷, 第6卷, 第8卷, 國民圖書株式會社, 1926.

_____,『續福澤全集』第2卷, 第7卷, 國民圖書株式會社, 1926.

『日本思想大系』第20卷,『寺社緣起』, 岩波書店, 1975.

_____ 第31卷,『山崎闇齊學派』, 岩波書店, 1980.

_____ 第32卷,『山鹿素行』, 岩波書店, 1970.

_____ 第35卷,『新井白石』, 岩波書店, 1975.

_____ 第40卷,『本居宣長』, 岩波書店, 1978.

林子平,『林子平全集』第1卷, 第2卷, 生活社, 1943.

姜在彦,「文祿慶長の役と朝鮮通信使」,『歷史の中の日本と朝鮮』, 講談社, 1981.

姜在彦,『歷史の中の日本と朝鮮』, 講談社, 1981.

關根正雄,『內村鑑三』, 淸水書院, 1973.

橋川文三 編,『近代日本思想史の基礎知識』, 有斐閣, 1971.

北島万治,「秀吉の朝鮮侵略における神國意識」,『歷史評論』第438號, 1986.

山口縣教育會 編,『吉田松陰全集』, 第3卷, 大和書房, 1974.

山本泰次郎 譯補,『內村鑑三, DC Belに送った自舒傳的書翰』第27信, 1895年 5月 22日, 新敎出版社, 1949.

三品彰英,『日本書紀朝鮮關係記事考證』, 吉川弘文館, 1963.

矢澤康祐,「江戶時代における日本人の朝鮮觀」,『朝鮮史硏究會論文集』第6集, 朝鮮史硏究會, 1969.

阿部吉雄,『日本朱子學と朝鮮』,東京大學出版會, 1965.

日本『公文錄』,太政官 指令文書, 1877年 3月 20日 條.

日本內務省 編,『公文書』,內務省之部 1, 1877年 3月 17日.

日本史籍協會 編,『木戶孝允日記』, 1933.

日本外務省調查部 編,『日本外交文書』第3卷,『朝鮮國交際始末內 探書』, 1870年 4月 15日.

_____ 編,『日本外交文書』,第3卷, 1870.

井上光貞 編,『日本の名著』1,『日本書紀』,中央公論社, 1983.

佐田白茅 編, 忠芬義芳樓藏版『征韓評論』, 1975.

吉野作造 編,『明治文化全集』第22卷, 雜史篇 所收, 日本評論社, 1929.

池內宏,『日本上代史の一研究』,近藤書店, 1947.

津田左右吉,『日本上代史研究』,岩波書店, 1930.

塚本明,「神功皇后傳說と近世日本の朝鮮觀」,『士林』第79卷 6號, 1966.

정한론 아베, 일본 우경화의 뿌리

펴낸날	초판 1쇄 2015년 8월 14일

지은이	이기용
펴낸이	심만수
펴낸곳	(주)살림출판사
출판등록	1989년 11월 1일 제9-210호

주소	경기도 파주시 광인사길 30
전화	031-955-1350 팩스 031-624-1356
기획·편집	031-955-4671
홈페이지	http://www.sallimbooks.com
이메일	book@sallimbooks.com

ISBN	978-89-522-3166-6 04080

이 도서의 국립중앙도서관 출판시도서목록(CIP)은 서지정보유통지원시스템 홈페이지
(http://seoji.nl.go.kr)와 국가자료공동목록시스템(http://www.nl.go.kr/kolisnet)에서
이용하실 수 있습니다.(CIP제어번호: CIP2015021848)

책임편집·교정교열 **박종훈**

085 책과 세계

강유원(철학자)

책이라는 텍스트는 본래 세계라는 맥락에서 생겨났다. 인류가 남긴 고전의 중요성은 바로 우리가 가 볼 수 없는 세계를 글자라는 매개를 통해서 우리에게 생생하게 전해 주는 것이다. 이 책은 역사라는 시간과 지상이라고 하는 공간 속에 나타났던 텍스트를 통해 고전에 담겨진 사회와 사상을 드러내려 한다.

056 중국의 고구려사 왜곡   eBook

최광식(고려대 한국사학과 교수)

중국의 고구려사 왜곡의 숨은 의도와 논리, 그리고 우리의 대응 방안을 다뤘다. 저자는 동북공정이 국가 차원에서 진행되는 정치적 프로젝트임을 치밀하게 증언한다. 경제적 목적과 영토 확장의 이해관계 등이 복잡하게 얽혀 있는 동북공정의 진정한 배경에 대한 설명, 고구려의 역사적 정체성에 대한 문제, 고구려사 왜곡에 대한 우리의 대처방법 등이 소개된다.

291 프랑스 혁명   eBook

서정복(충남대 사학과 교수)

프랑스 혁명은 시민혁명의 모델이자 근대 시민국가 탄생의 상징이지만, 그 실상을 아는 사람은 많지 않다. 프랑스 혁명이 바스티유 습격 이전에 이미 시작되었으며, 자유와 평등 그리고 공화정의 꽃을 피기 위해 너무 많은 피를 흘렸고, 혁명의 과정에서 해방과 공포가 엇갈리고 있었다는 등의 이야기를 통해 프랑스 혁명의 실상을 소개한다.

139 신용하 교수의 독도 이야기   eBook

신용하(백범학술원 원장)

사학계의 원로이자 독도 관련 연구의 대가인 신용하 교수가 일본의 독도 영토 편입문제를 걱정하며 일반 독자가 읽기 쉽게 쓴 책. 저자는 역사적으로나 국제법상으로 실효적 점유상으로나, 어느 측면에서 보아도 독도는 명백하게 우리 땅이라고 주장하며 여러 가지 역사적인 자료를 제시한다.

144 페르시아 문화

eBook

신규섭(한국외대 연구교수)

인류 최초 문명의 뿌리에서 뻗어 나와 아랍을 넘어 중국, 인도와 파키스탄, 심지어 그리스에까지 흔적을 남긴 페르시아 문화에 대한 개론서. 이 책은 오랫동안 베일에 가려 있던 페르시아 문명을 소개하여 이슬람에 대한 편견과 오해를 바로 잡는다. 이태백이 이란계였다는 사실, 돈황과 서역, 이란의 현대 문화 등이 서술된다.

086 유럽왕실의 탄생

김현수(단국대 역사학과 교수)

인류에게 '예술과 문명' 그리고 '근대와 국가'라는 개념을 선사한 유럽왕실. 유럽왕실의 탄생배경과 그 정체성은 무엇인가? 이 책은 게르만의 한 종족인 프랑크족과 메로빙거 왕조, 프랑스의 카페 왕조, 독일의 작센 왕조, 잉글랜드의 웨섹스 왕조 등 수많은 왕조의 출현과 쇠퇴를 통해 유럽 역사의 변천을 소개한다.

016 이슬람 문화

이희수(한양대 문화인류학과 교수)

이슬람교와 무슬림의 삶, 테러와 팔레스타인 문제 등 이슬람 문화 전반을 다룬 책. 저자는 그들의 멋과 가치관을 흥미롭게 설명하면서 한편으로 오해와 편견에 사로잡혀 있던 시각의 일대 전환을 요구한다. 이슬람교와 기독교의 관계, 무슬림의 삶과 낭만, 이슬람 원리주의와 지하드의 실상, 팔레스타인 분할 과정 등의 내용이 소개된다.

100 여행 이야기

eBook

이진홍(한국외대 강사)

이 책은 여행의 본질 위를 '길거리의 철학자'처럼 편안하게 소요한다. 먼저 여행의 역사를 더듬어 봄으로써 여행이 어떻게 인류 역사의 형성과 같이해 왔는지를 생각하고, 다음으로 여행의 사회학적 · 심리학적 의미를 추적함으로써 여행에 어떤 의미를 부여할 것인가에 대해 말한다. 또한 우리의 내면과 여행의 관계 정의를 시도한다.

293 문화대혁명 중국 현대사의 트라우마 eBook

백승욱(중앙대 사회학과 교수)

중국의 문화대혁명은 한두 줄의 정부 공식 입장을 통해 정리될 수 없는 중대한 사건이다. 20세기 중국의 모든 모순은 사실 문화대혁명 시기에 집약되어 있다고 해도 과언이 아니다. 사회주의 시기의 국가 · 당 · 대중의 모순이라는 문제의 복판에서 문화대혁명을 다시 읽을 필요가 있는 지금, 이 책은 문화대혁명에 대한 안내자가 될 것이다.

174 정치의 원형을 찾아서 eBook

최자영(부산외국어대학교 HK교수)

인류가 걸어온 모든 정치체제들을 매우 짧은 기간 동안 시험하고 정비한 나라, 그리스. 이 책은 과두정, 민주정, 참주정 등 고대 그리스의 정치사를 추적하고, 정치가들의 파란만장한 일화 등을 소개하고 있다. 특히 이 책의 서사는 아테네인들이 추구했던 정치방법이 오늘 우리 사회가 당면한 문제를 해결할 수 있는 지혜의 발견에 도움을 줄 수 있을 것이라고 말한다.

420 위대한 도서관 건축순례 eBook

최정태(부산대학교 명예교수)

이 책은 도서관의 건축을 중심으로 다룬 일종의 기행문이다. 고대 도서관에서부터 21세기에 완공된 최첨단 도서관까지, 필자는 가능한 많은 도서관을 직접 찾아보려고 애썼다. 미처 방문하지 못한 도서관에 대해서는 문헌과 그림 등 가능한 많은 정보를 수집하려 노력했다. 필자의 단상들을 함께 읽는 동안 우리 사회에서 도서관이 차지하는 의미에 대해 다시 생각하게 된다.

421 아름다운 도서관 오디세이 eBook

최정태(부산대학교 명예교수)

이 책은 문헌정보학과에서 자료 조직을 공부하고 평생을 도서관에 몸담았던 한 도서관 애찬가의 고백이다. 필자는 퇴임 후 지금까지 도서관을 돌아다니면서 직접 보고 배운 것이 40여 년 동안 강단과 현장에서 보고 얻은 이야기보다 훨씬 많았다고 말한다. '세계 도서관 여행 가이드'라 불러도 손색없을 만큼 풍부하고 다채로운 내용이 이 한 권에 담겼다.

eBook 표시가 되어있는 도서는 전자책으로 구매가 가능합니다.

(주)살림출판사

www.sallimbooks.com

주소 경기도 파주시 문발동 522-1 | 전화 031-955-1350 | 팩스 031-955-1355